책과 담쌓았던 우리가족은
어떻게 1년 만에 1,000권을 읽었을까

삶의 변화를 이끄는 천 권 가족 독서법

책과 담쌓았던 우리가족은
어떻게 1년 만에 1,000권을 읽었을까
삶의 변화를 이끄는 천 권 가족 독서법

초 판 1쇄 2024년 01월 11일

지은이 여운현
펴낸이 류종렬

펴낸곳 미다스북스
본부장 임종익
편집장 이다경
책임진행 김가영, 박유진, 윤가희, 이예나, 안채원, 김요섭, 임인영

등록 2001년 3월 21일 제2001-000040호
주소 서울시 마포구 양화로 133 서교타워 711호
전화 02) 322-7802~3
팩스 02) 6007-1845
블로그 http://blog.naver.com/midasbooks
전자주소 midasbooks@hanmail.net
페이스북 https://www.facebook.com/midasbooks425
인스타그램 https://www.instagram/midasbooks

© 여운현, 미다스북스 2024, *Printed in Korea*.

ISBN 979-11-6910-437-1 03190

값 **18,000원**

미다스북스는 다음세대에게 필요한 지혜와 교양을 생각합니다.

책과 담쌓았던 우리 가족은

어떻게 1년 만에
1,000권을 읽었을까

여운현 지음

미다스북스

프롤로그

제1장   그래서 함께 책을 읽기로 했다

제2장　독서는 시스템이다

제3장　우리 가족은 이렇게 1년 만에 1,000권을 읽었다

에필로그

부록

프롤로그

책을 읽는 가족은 흔들리지 않는다

한 권의 책을 읽는 것은 한 그루의 나무를 심는 일이다. 작은 묘목이 물과 햇볕을 양분 삼아 아름드리나무가 되듯 좋은 책을 읽으면 그 책은 우리의 일상과 밀접하게 상호작용하며 마음을 키우고 삶을 풍요롭게 만든다.

우리 가족은 지난 1년간 '천 권 가족 프로젝트'를 진행하며 천 그루가 넘는 나무를 심었다. 황량했던 민둥산이 초록의 큰 숲을 이뤘다. 시간이 지나면서 나무들은 계속 자라고 새로운 나무가 더해져 우리 가족의 숲은 더욱 울창해질 것이다.

한 사람의 인생이 그러하듯 한 가족이 살아가다 보면 다양한 고민과 역경에 직면하게 된다. 열심히 일하지만 항상 돈이 부족한 경제적인 문제일 수도 있고, 가족 간의 다툼이나 불화와 같은 일일지도 모른다. 사소한 문제로 부부싸움이 계속되거나 아이가 공부에 관심이 없어 부모의 걱정이 클지도 모른다.

보통의 가족들이 겪는 이러한 문제들 앞에서 우리 가족은 책의 숲으로 간다. 숲속에는 우리가 심어 놓은 나무들이 언제고 우리를 기다리고 있다. 우리는 이 숲에서, 이 나무 아래서 다시 살아갈 수 있는 따뜻한 위로를 받고 앞으로 나아가는 힘을 얻는다. 한 권, 한 권 책을 읽어 나갈 때마다 우리 가족의 숲은 더 푸르고 더 깊어졌다. 1년간 1,000권이 넘는 책을 읽은 지금, 우리는 전보다 훨씬 튼튼한 뿌리를 가진 가족이 되었다.

책은 성장을 위한 최고의 무기다. 가족은 변화를 위한 최고의 지원군이다. 가족과 함께 책을 읽는다면 삶을 긍정적으로 변화시키는 데 있어 가장 빠른 지름길을 택한 것이다. 가족과 함께 책을 읽는다면 행복한 가정을 만드는 든든한 주춧돌을 놓는 것이다. 가족과 함께 책을 읽는다면 바람에 흔들리지 않는 뿌리 깊은 가족이 될 기름진 토양을 얻은 것이다. 바로 여기에 가족과 함께 책을 읽는 목적이 있다.

니체는 그의 저서 『인간적인 너무도 인간적인』에서 다음과 같이 말하고 있다.

함께 침묵하는 것은 멋진 일이다. 하지만 그보다 더 멋진 일은 함께 웃는 것이다. 두 사람 이상이 함께 똑같은 일을 경험하고 감동하며, 울고 웃으면서 같은 시간을 보낸다는 것은 너무도 멋진 일이다.

가족과 함께 책을 읽으며 같은 경험을 하고 감동을 나누며 시간을 공유한다는 것은 니체의 말처럼 '너무도 멋진 일'이 아닐 수 없다.

우리 가족은 '천 권 가족'이다. 책과는 거리가 멀었던 우리가 지난 1년 동안 1,000권이 넘는 책을 읽었다. 세 명의 가족이 1년 동안 1,000권의 책을 읽겠다는 목표를 명확하게 세우고 도전을 시작했다. 매월 목표 대비 몇 권을 읽었나 확인하고 점검했다. 매일 밤 같은 시간을 정해 책을 읽었다. 매달 같은 책을 골라 함께 읽고 이야기를 나눴다. 주말마다 함께 도서관에 가고 서점에 갔다. 1년간 가족과 함께, 책과 함께 즐겁지만 치열하게 보낸 시간이었다.

버스나 지하철을 타면 열에 아홉은 스마트폰에 빠져 있고 책 읽는 사람이 낯설게 느껴지는 요즘이다. 이런 현실 속에서 온 가족이 함께 책을 읽는 모습은 정말 희귀한 장면이 되었다. 그러니 1년에 1,000권을 읽었다는 우리 가족에 대해 사람들은 궁금한 점이 많다.

왜 책을 읽어요?

책을 읽어서 뭐가 달라졌나요?

가족과 함께 책을 읽으면 뭐가 좋나요?

가족과 책을 읽는 방법은 무엇인가요?

어떻게 그렇게 많은 책을 읽을 수 읽어요?

다들 바쁜데 언제 책을 읽어요?

어떤 책을 읽어야 할까요?

『책과 담쌓았던 우리 가족은 어떻게 1년 만에 1,000권을 읽었을까』에 위 질문들에 대한 답을 솔직하고 자세하게 담았다. 그래서 이 책은 여러 분 가족을 '천 권 가족'으로 이끌 초대장이고, 독서 가족으로 향해 가는 길을 안내하는 가이드북이 될 것이다.

1장은 삶의 변화를 위해 왜 가족과 함께 책을 읽어야 하는지에 대해 말 하고 있다. 2장은 본격적인 독서에 앞서 책을 읽기 위한 시스템 만들기, 3장은 실전 독서에 들어가 '천 권 가족'만의 다양한 독서법을 소개한다. 4 장은 가족 독서를 통해 우리가 얻을 수 있는 성과를 돌아보며 함께 읽기 의 힘에 대해 이야기한다. 5장은 독서 가족을 넘어 성공 가족으로 나아가 기 위한 미래 설계와 함께 독서를 통해 다져온 생각을 바탕으로 독자 여 러분께 드리는 진심 어린 조언을 남겼다.

독자 여러분이 이 책을 통해 가족과 함께 책을 읽는 중요한 변화의 시작을 맞이할 수 있다면 못난이 책을 쓴 저자로서 더없이 기쁘고 영광스러운 일이 될 것이다. 이제 책과 담쌓았던 우리 가족이 어떻게 1년 만에 1,000권의 책을 읽었는지에 대한 이야기를 시작하고자 한다.

제1장

그래서 함께 책을 읽기로 했다

당신의 운명을 결정하는 것은 결심하는 그 순간이다.

앤서니 라빈스(1960~, 미국 작가, 심리학자)

책과 담쌓았던 우리 가족은

어떻게 1년 만에
1,000권을 읽었을까

잘 살고 있다는 착각의 늪

"승진 축하해!"

"팀장 승진을 축하해요!"

"축하해요! 고생 많았어요."

승진 내정자 발표가 게시판에 뜨자 책상 위의 전화벨이 계속 울려대고, 컴퓨터 메신저 창 수십 개가 동시에 번쩍인다. 나에게 축하 인사를 전하고자 하는 것이다.

드디어 내가 팀장으로 승진했다. 오늘을 얼마나 기다렸던가. 이번 인사에서 내가 빠졌다는 흉흉한 소문도 있었기에 더욱 긴장하며 발표를 기다렸고 마침내 승진 내정자 명단에서 내 이름을 발견했을 때의 기쁨은 클 수밖에 없었다.

공직에 입문한 지 15년 만에 팀장을 달게 된 것이다. 공무원에게 승진은 모든 것이다. 민간 기업과 비교하면 아직도 조직 내 직급 구분이 뚜렷하고, 그 직급에 맞춰 팀장, 과장, 국장 같은 직위가 주어지기 때문이다. 같이 시작했어도, 나이가 비슷해도 누가 먼저 승진했느냐에 따라 서 있는 위치가 달라진다. 이것이 평소 승진에 별로 관심 없다고 말하는 사람들도 승진이 눈앞에 오면 그것을 향해 돌진할 수밖에 없는 이유다.

직장에서 열심히 일하며 보낸 지난 시간이 영화 장면처럼 머릿속에 지나갔다. 예산을 따러 반기는 이 하나 없는 남의 사무실을 내 집처럼 드나들던 일, 감사를 준비한다고 며칠 밤을 지새우며 컴퓨터 앞자리를 지켰던 날, 큰 행사를 치른다고 무리해서 링거 주사를 맞아가며 버텼던 시간.

이렇게 직장에서 고군분투하던 중 번아웃을 맞기도 했다. 일에 모든 에너지를 쏟아부은 듯 나에게는 어떤 힘도 남지 않았다. 전부 무기력하고 무의미하게 느껴졌다. 휴직까지 생각할 정도로 심각했지만 한 달 동안의 번아웃도 매일 꾸역꾸역 출근하고 퇴근하며 가라앉혔다. 지난 시간은 절대 쉽지 않았지만 그래도 잘 버텼고 승진했다. 나는 나에게 위로와 격려를 보냈다.

나는 공무원이다. 꽤 높은 경쟁률을 뚫고 남들보다 일찍 공직에 들어왔다. 조직 내에서 열심히 한다고 인정도 받아 주요 부서에서 일할 수 있었고, 맡은 일에 대해 나름의 성과도 거뒀다. 승진도 조금은 빨랐다. 일에 자부심을 느끼며 직장 생활에도 만족했다.

결혼도 직장에 들어와서 했다. 직장 동료의 소개로 만난 아내와는 연애 때부터 마음이 잘 맞았다. 기본적으로 조용하고 차분한 성격이 비슷했고, 같은 공무원으로 일하며 서로를 이해하는 폭이 깊었다. 내가 중간에 다른 지역으로 자리를 옮기는 바람에 계속 주말부부로 지내고 있지만, 지금까지 큰 불만은 없다.

이 정도면 잘 살고 있는 것이 아닐까? 안정적인 직장을 착실하게 다니고 있고, 화목한 가정을 꾸려나가고 있다. 이제 간절히 원하던 승진까지 해낸 내 인생에 만족하며 잘 살아왔다는 데 추호의 의심도 없었다. 그날 밤 전까지는.

승진 발표가 있고 밤마다 술자리가 이어졌다. 내 승진을 축하하기 위해 동료들과 모여 술을 마셨고, 여러 모임에 불려 나가 축하주를 들며 건배했다. 승진하기까지 신세를 진 분들께도 감사를 표하기 위해 술을 샀다.

그날도 기분 좋게 술을 마시고 집으로 돌아왔다. 원래 술을 잘하지 못해 과음하면 집에 오자마자 옷도 벗지 못하고 소파에 뻗어 잠이 드는 것이 나의 음주 루틴인데 그날은 이상하게 정신이 멀쩡했다. 그대로 곯아떨어지는 대신 집안 이곳저곳을 배회하며 옛 앨범도 들춰보고 생전 읽지 않던 책도 뒤적거렸다. 한참을 멍하니 빈방에 앉아 있었다. 방은 온통 적막함뿐이었다.

그때 나도 모르게 눈물이 주르륵 흘렀다. 나조차도 알 수 없는 감정 덩어리가 내 안에서 복잡하게 얽히고 점점 커지더니 눈물로 변해 흘러내렸다. 나는 울음보가 터진 아이처럼 엉엉 울어 버렸다.

다음날 퉁퉁 부은 얼굴로 출근하며 어젯밤에 왜 그렇게 울었을까 곰곰이 생각해 보았다. 얼마 전 돌아가신 어머니 생각 때문이었을까? 어머니께 승진 소식을 전하지 못하는 아쉬움일까? 나이 먹더니 술버릇이 진상으로 바뀐 건가? 마흔을 지나며 겪는 허무와 아쉬움의 토로인가? 어떻게든 대충 마무리하고 넘어가려 해도 그렇게 할 수 없었다. 이후 내 머릿속은 그 울음의 원인이 무엇인지에 대한 것뿐이었다.

생각에 생각을 이어가며 나는 울음의 출처에 대해 고민했고 나름의 답을 만들어냈다. 내가 제대로 살고 있는 것인가? 앞으로 어떻게 살 것인가? 우리 가족은 잘 살아가고 있는가? 살아가는 의미는 무엇인가? 이렇게 나와 가족에 대해 해보지 못했던 질문을 던진 것이고, 나는 그 물음에 대해 대답하지 못해 두려웠던 것이다. 결국, 그 두려움을 울음으로 토해 낸 것이라고 나는 결론지었다.

이 정도면 잘 살고 있다고 생각하는 것들에 대해 강한 의문이 몰려왔다. 지금까지 잘 살고 있다는 증거로 내민 것들이 정말 나와 우리 가족의 삶이 괜찮다는 증빙이 되는 것인가라는 의심이었다.

그야말로 착각이 아닐까? 내가 잘 살고 있다는 착각. 아니 어떻게 사는 것이 잘 사는 것인지도 모르는 무지에 대한 자책과 함께 기준도 없고 방향성도 없이 하루하루 살아내고 있는 삶에 대해 공포가 느껴졌다. 나이 마흔이 되면 자신의 인생을 돌아보고 남은 삶을 어떻게 살아갈지에 대한 고민의 시기가 찾아온다고 한다. 나에게도 이런 고민의 때가 다가온 것일까? 승진만 하면 모든 것이 해결될 것으로 생각하며 지금까지 달려왔는데, 오히려 해결하지 못한 많은 것들을 숙제처럼 떠안은 것 같았다.

음주 울음 사건 이후 나는 빠르게 원상 복귀하여 정상 생활(?)로 돌아왔다. 그러나 그날 울음을 통해 갖게 된 몇 가지 커다란 질문들은 계속 가슴에 남았다. 특히 잘 살고 있다는 착각을 깨고 진짜 잘 사는 것이 무엇인지 찾고 그 길로 나아가야 한다는 의지는 점점 강해졌다. 그렇게 변하고 싶다는 마음은 시간이 지날수록 커지고 있었다.

오늘과 다른 내일, 변화를 선택하다

인생은 선택의 연속이다. 우리는 태어나는 순간부터 지금까지 매 순간 선택에 직면한다. B(Birth)와 D(Death) 사이에 C(Choice)가 있다. 어느 대학에 갈지 선택하고, 누구와 결혼할지 선택한다. 어떤 직장에 들어가 무슨 일을 할지도 내가 선택해야 할 몫이다.

이런 거창한 일들에 대한 선택만 있는 것이 아니다. 매일 해야 하는 소소한 선택도 계속된다. 잠시 오늘 하루를 돌아보자. 아침에 알람이 울리면 바로 일어날 것인지, 5분을 더 이불 속에서 머무를 것인지 결정해야 한다. 아침 식사는 먹을 것인가 말 것인가, 먹는다면 무엇을 먹을 것인가, 회사까지는 버스를 탈 것인가 택시를 탈 것인가, 회사에 도착하면 제일 먼저 어떤 일을 할 것인가, 점심 식사는 누구와 먹을 것인가, 퇴근하면 술을 한잔할까, 소주를 마실까 맥주를 마실까,…. 헤아릴 수 없는 많은 선택이 우리를 기다리고 있다.

책과 담쌓았던 우리 가족은 어떻게 1년 만에 1,000권을 읽었을까

물론 선택할 수 없는 것들도 많다. 내가 어느 나라, 어느 집에서 누구의 아들딸로 태어날지, 어떤 유전자를 받아 어떤 모습으로 태어날지, 언제 태어나고 어떻게 인생을 마감하게 될지는 우리의 선택 범위 밖에 있는 사항들이다.

그러나 이처럼 나의 영향력이 미치지 못하는 선택에 대해서는 크게 신경 쓸 필요가 없다. 어차피 신경 써봐야 바뀌는 것은 없으니까. 우리가 주목해야 하는 것은 우리가 결정할 수 있는 선택이다.

지금까지 당신의 수많은 선택이 오늘의 당신을 만들었다. 결과에 만족하는가? 만족하지 못한다면 당신이 해 온 선택들에서 잘못을 찾아야 한다. 후회한다고 해도 어쩔 수 없다. 과거의 선택을 바꿀 수 있는 방법은 없다. 그러나 한 가지 반가운 소식이 있으니, 현재의 선택을 바꾸면 미래의 다른 나를 만날 수 있다는 사실이다. 어제의 선택으로 오늘의 내가 결정되었듯 오늘의 선택으로 내일의 내가 만들어진다.

선택의 총합이 삶이다. 올바른 선택이 모이면 성공적인 인생을 만들 수 있고, 잘못된 선택이 반복되면 실패한 삶이 된다. 옳은 선택을 하기 위해서는 어떻게 해야 할까? 자기 인생에 대한 책임 있는 자세를 견지해야 한다. 이 선택은 오로지 내가 스스로 하는 것이며 이에 따른 결과를 내가 감수한다는 다짐이 필요하다.

좋은 선택을 할 수 있는 기반도 함께 쌓아야 한다. 많은 공부와 생각 훈련이 있어야 한다. 매번 선택에 직면할 때마다 좋은 선택을 할 수 있는 연습을 해야 한다. 실패한 선택을 통해서는 다음의 더 나은 선택을 위한 오답 노트를 만들어야 한다. 그래야만 인생의 중요한 갈림길에서 올바른 선택을 할 수 있다.

『죽음의 수용소에서』의 저자로 유명한 오스트리아 출신의 정신과 의사이자 심리학자인 빅터 프랭클은 유대인으로 나치 수용소에 갇혀 언제 죽음이 맞닥뜨릴지 모르는 극한의 상황 속에서도 인간의 본질에 대한 깊은 통찰과 탐구를 멈추지 않았다.

자극과 반응 사이에는 공간이 있다. 그 공간에는 자신의 반응을 선택할 수 있는 자유와 힘이 있다. 그리고 우리의 반응에 우리의 성장과 행복이 좌우된다.

빅터 프랭클 박사의 말처럼 인간은 같은 자극에 대해 똑같이 반응하는 존재가 아니다. 자극과 반응 사이의 공간에서 우리는 우리의 반응을 선택할 수 있다. 삶은 선택의 연속이지만, 그 선택권은 외부 환경에 의해

결정되는 것이 아니라 자기 자신에게 있다. 이처럼 빅터 프랭클 박사는 삶에 대한 주도성과 책임성을 강조한다.

나는 오늘과 다른 내일을 위해 변화를 선택했다. 이 선택은 누군가 시켜서 하는 수동적인 변화가 아니다. 잘 살고 있다는 착각의 늪에서 빠져나와 나 스스로 변하기로 마음먹고 내 인생을 스스로 책임지겠다는 굳은 다짐에서 출발한다. 인생은 선택의 연속이고, 나는 변화를 선택했다. 이제 물을 거슬러 오르기로 결심한 것이다.

물을 거슬러 올라라

어린 시절 기억이 별로 남아 있지 않지만, 그때 살던 마을에 시냇물이 흘렀던 장면은 선명하다. 그 냇가에서 아이들이 종이배를 띄우며 놀았다. 물에 띄워진 종이배는 물결을 따라 잘도 떠내려갔고 나와 아이들은 신나게 자기 배를 좇으며 달려갔다. 그때는 어린 마음에 저 종이배를 타고 큰 바다로 나아가는 모험을 꿈꾸기도 했지만 이제 나이가 들어 다시 종이배를 떠올리니 내 인생이 종이배와 비슷하다는 생각이 든다.

종이배는 오직 물이 흐르는 대로 떠내려갈 뿐이다. 마음대로 멈출 수도 없고 방향을 바꿀 수도 없다. 하물며 종이배가 물을 거슬러 올라간다는 것은 생각하기 어려운 일이다. 나도 종이배처럼 그렇게 살아왔다. 어린 시절부터 튀는 행동으로 주목받는 것을 싫어했다. 남들과 달라 보이는 것, 그래서 눈에 띄는 것이 겁났다.

고등학교 2학년에 올라가며 이과 · 문과를 선택할 때도 나는 문과가 적성에 맞았지만, 친구들이 대부분 이과에 간다고 해서 나도 이과로 휩쓸려 갔다. 대학교에 갈 때도 내가 무엇을 좋아하는지, 어떤 것을 잘하는지 제대로 알지 못한 채 취업이 잘된다고 해서 컴퓨터공학과로 흘러갔다.

직장을 선택할 때도 남들이 안정적이라고 하는 공무원을 선택하는 물길로 떠내려왔다. 직장에서는 내 의견을 내기보다 다른 사람의 결정을 따르는 것이 마음 편했다. 아직도 상명하복의 문화가 남아 있는 공무원 사회의 특성상 이런 점은 오히려 직장 내 평판에 도움이 되기도 했지만 나는 여전히 종이배였을 뿐이다.

지금까지 내가 내린 선택들은 최종적으로는 내가 결정한 것들이니 나의 의지가 전혀 없다고 할 수는 없다. 그러나 그 결정을 하는 데 있어 스스로 주체적인 역할을 하지 못하고 다른 요인들에 의해 좌우되었다는 점에서 물길을 따라 흐르는 종이배와 같다는 것이다.

학문여 역수행주 부진즉퇴(學問如 逆水行舟 不進則退)

학문은 물을 거슬러 오르는 배와 같아서 앞으로 나아가지 않으면 곧 뒤로 물러난다는 뜻이다. 배가 물을 거슬러 올라가려면 노를 열심히 저어야 하는데 가만히 있으면 흐르는 물을 따라 떠내려갈 수밖에 없다. 배움에 임하는 사람이라면 근면하게 학문에 정진해야 함을 가르치는 말일 텐데 어디 공부에 있어서만 그러하겠는가?

변한다는 것은 물을 거슬러 오르는 것이다. 변화 없이 정체된 삶이 우리를 얼마나 뒤로 물러나게 했는가? 지금까지 떠내려온 삶을 멈추고 이제 거슬러 올라가야 한다. 변하기 위해서는 더 이상 종이배와 같은 삶을 살아서는 안 된다. 노를 젓든 모터를 달아 시동을 걸든 방향을 돌려 물을 거슬러 올라야 한다.

쉽지 않은 항해가 될 것이다. 지금까지 살던 대로 살고자 하는 강력한 관성이 우리의 뱃머리를 붙잡으려 할 것이다. 그러나 배의 목적이 항구에 머무는 것이 아닌 이상 우리는 출항해야 한다.

나는 지난 삶을 반추하며 잘 살고 있다는 착각을 깨고 물을 거슬러 오르기로 했다. 인생의 절반을 지나며 남은 절반의 삶을 다시 그리고자 하는 큰 결심이었다. 그러나 나는 어디로 가야 할지, 무엇을 해야 할지 알 수 없었다. 이제 막 배에 올라탄 내 눈앞에는 검은 바다만이 막막하게 펼쳐졌다.

책과 담쌓았던 우리 가족은 어떻게 1년 만에 1,000권을 읽었을까

책, 변화를 위한 최고의 도구

변화를 선택한 나는 변화를 위한 도구로 책을 선택했다. 처음부터 의도한 선택은 아니었지만, 삶을 바꾸는 방법을 몰랐던 나는 우연히 책을 접하게 되었고 마침내 그 안에서 변화로 가는 길을 찾을 수 있었다.

매년 그렇듯이 그해 1월에도 새해를 맞아 올해는 책을 좀 읽어야겠다고 마음먹고 도서관에서 생각 없이 빌린 책이 내 독서의 시작이 되었다.

'독서의 시작'이라고 한 것은 말 그대도 책 한 권을 제대로 읽은 것이 이때가 처음이기 때문이다. 물론 어린 시절에 책을 한 권도 안 읽었을 리 없겠지만 대학을 졸업하고 내 의지에 따라 한 권을 완독한 것은 처음이었다.

그때 만난 책이 유근용 작가의 『1일 1행의 기적』이었다. 새로운 독서의 시작에서 이 책을 만난 것은 행운이었다. 열등감에 빠진 작가가 매일 작은 실행을 통해 새로운 삶을 만들어 나가는 이야기로 변화를 갈망하는 나에게 딱 들어맞는 것이었다. 특히, 작가는 책에서 1일 1행 독서 습관 만들기를 강조하고 있는데 나도 이렇게 열심히 책을 읽고 실천해 나가면 인생의 변화를 만들어 갈 수 있을 거라는 확신이 들었다.

왜 책인가? 이 질문에 답해 보는 것은 변화하기 위한 도구로써 책이 올바른 선택인가에 대한 답을 구하는 과정이기도 하다. 처음에 책을 만났을 때는 알지 못했지만 이제 와서 생각해 보니 책은 변화를 위한 최고의 도구였다.

책은 가성비 좋은 도구다. 책은 한 사람이 자신의 사고와 경험을 깊게 새긴 지식의 저장고다. 짧게는 몇 년에서 길게는 한평생에 거쳐 이룩한 저자의 모든 것을 담아낸 결정체다. 책을 통해 우리는 새로운 것을 배울 수 있고 깊이 있는 지식을 얻을 수 있다. 이런 저자의 노고를 생각할 때 책 가격은 매우 저렴한 편이다. 심지어 도서관에 가면 얼마든지 공짜로 책을 빌려 볼 수 있다. 이렇게 가성비 좋은 제품이 또 있을까?

책은 가격뿐만 아니라 시간 측면에서도 효율적이다. 보통 책은 몇 시간만 투자하면 읽을 수 있고, 두꺼운 책이라도 며칠을 집중하면 충분히 읽어낼 수 있다. 우리가 새로운 정보를 취할 때 중요한 것은 그 양보다 논리적인 체계라고 할 수 있는데 책은 가장 짜임새 있는 지식을 품고 있다. 요즘에는 인터넷 포털이나 유튜브 검색을 통해 문제에 대한 해답을 찾으려는 사람들이 많다. 검색어만 입력하면 그것에 대한 텍스트와 영상이 화면 가득 넘쳐난다. 드넓은 정보의 바다 위에 떠 있음을 실감하게 되는 요즘이다.

그러나 그 정보의 깊이가 어느 정도인지는 다시 한번 생각해 볼 문제다. 인터넷상의 정보들은 무질서하게 산재해 있어 체계적이지 못하고, 확인이나 검토 없이 올라온 것들도 많아 신뢰성에도 문제가 있을 수 있다. 구슬이 서 말이라도 꿰어야 보배인 것처럼 아무리 많은 정보가 널려 있다고 해도 일관된 논리를 바탕으로 한 배열이 없다면 제대로 된 지식으로서의 가치를 갖기 어렵다. 이런 점에서 체계적인 지식을 빠른 시간에 얻을 수 있는 것은 오직 책뿐이라고 확신한다.

변화의 도구를 고를 때 고려해야 할 또 다른 점은 언제나 쉽게 구해서 쓸 수 있어야 한다는 것이다. 아무리 좋다고 해도 구하기 어려우면 무슨 소용이 있겠는가. 이런 면에서 도구의 접근성이 중요한데 책은 여기에서도 합격이다. 책은 접근성이 좋은 도구이다. 서점에 가면 내가 원하는 책을 바로 살 수 있고, 가까운 곳에 서점이 없다면 인터넷 서점에 들어가 언제든지 책을 구매해 다음 날 아침이면 집에서 받아볼 수 있다.

도서관에 가면 읽고 싶은 책을 마음껏 빌려 볼 수 있다. 최근에는 종이책 외에도 다양한 매체가 있어 책에 대한 접근성을 높인다. 산책하거나 운전 중일 때는 오디오북이 제격이다. 여행이나 출장길에 오를 때는 핸드폰이나 노트북으로 전자책(e-book)을 보면 된다. 책이 없어 읽지 못한다는 핑계를 더는 댈 수 없는 세상이다.

모든 질문에 대한 답을 담고 있는 것도 바로 책이다. 우리가 살아가면서 겪는 대부분 문제는 이미 누군가가 고민하고 겪었던 일들이다. 그리고 그중 많은 이들이 자신만의 해법을 책 속에 담아냈다. 돈을 벌고 싶다면 재테크 책을 보고, 사람을 대하기가 어려우면 인간관계에 관한 책을 읽고, 말을 잘하고 싶다면 화술 책을, 건강해지고 싶다면 건강서를 찾아보고, 마음의 깊이를 더하고 싶다면 인문학 책을 선택하면 된다. 지금 내가 직면한 문제에 관해 책에서 해결책을 찾는 것은 단연코 가장 훌륭한 방법이라고 믿는다. "당신은 결코 독서보다 더 좋은 방법을 찾을 수 없을 것이다."라는 워런 버핏이 말에 적극 동의한다.

책은 우리에게 따뜻한 휴식을 제공하기도 한다. 책을 읽는 것 자체가 지친 영혼에 쉼터를 마련해 줄 뿐 아니라 바쁜 일상에서도 책을 펼치면 나만의 세상으로 들어가 마음껏 뛰어놀 수 있다. 때로 책은 아픈 상처를 감싸주는 위로의 말을 전하고 힘내라는 응원의 메시지를 들려주기도 한다.

당신이 변화와 성장을 추구하는 합리적인 소비자라면 어떤 도구를 선택하겠는가? 값싸고 질 좋고 어디서나 손쉽게 구할 수 있지만, 모든 문제의 답을 가지고 있는 이런 만능 도구가 있다면 당장 사야 하지 않겠는가? 그것은 바로 책이다.

책을 읽지 않을 이유가 없다

책을 읽으면 즐겁다. 책을 만지며 느끼는 온기와 촉감, 책을 펼치면 전해지는 깊은 종이 내음, 한 장 한 장 책장을 넘기면 손끝으로 전해지는 설렘, 고요함 속에서 책을 마주하는 안정감 등은 모두 책 읽기를 즐겁게 하는 것들이다.

아울러 독서는 우리에게 공감과 위안을 준다. 저자의 생각에 내 생각을 덧붙여 보고, 주인공의 경험과 나의 경험을 견주어 본다. 책을 읽으며 느끼는 이런 감정들은 꾸준하게 책을 읽어 나가는 데 있어 꼭 필요한 요소들이다.

독서는 사람을 성장시킨다. 책을 읽어 나갈수록 더 많이 알게 되고, 깨닫게 되고, 통찰할 수 있다. 이를 바탕으로 오늘보다 나은 내일을 만들어 갈 수 있음은 물론이다. 우리 삶의 거의 모든 영역에서 성장할 수 있는 토대를 마련해 주는 것이 바로 독서다. 물이 고이면 썩듯이 생각도 멈추면 낡아진다. 그러나 책을 읽으면 생각이 흐른다. 독서를 통해 생각의 물꼬를 터야 한다.

우리는 독서를 통해 내면을 단련시킨다. 진정한 나로서 굳건한 자아를 뿌리내릴 수 있다. 책을 통해 다양한 사람의 인생을 엿보고 그들의 생각을 넘나들며 내가 어떻게 살아야 하는지 원칙을 세울 수 있다. 『미움받을 용기』로 유명한 일본의 철학자이자 작가인 기시미 이치로는 그의 책 『내가 책을 읽는 이유』에서 책을 읽을 때 아무런 비판 없이 저자의 생각을 그대로 받아들이고, 그 내용에 대해 스스로 생각하지 않는다면 책을 읽는 의미가 없다고 말한다.

중요한 것은 책을 읽는 행위를 통해 그때까지 갖고 있던 가치관과 사는 모습을 되돌아보고 음미하며 앞으로 어떻게 살 것인지를 다시 생각해 보는 것이다.

이처럼 독서는 다른 이의 삶을 통해 나를 돌아보며 나만의 원칙을 만들 수 있게 돕는다. 원칙이 있는 사람은 살아가는 도중 곳곳에 나타나는 장애물 앞에서도 흔들리지 않는다.

한편 독서는 새롭게 무언가를 시작하는 힘이다. 단단한 바위에서는 새

싹이 돋아날 수 없다. 유연한 사고에서 변화가 싹틀 수 있다. 폭넓은 독서를 통해 얻은 다양한 관점과 통찰이 우리의 생각을 부드럽게 하고, 이것이 변화의 시작을 맞이하는 자양분이 된다.

책을 읽는다는 것은 낯선 곳에 자신을 던지는 경험이고, 지금까지 내가 쌓아온 경험과의 비교이며, 책 속에서 먼저 경험한 사람에게 받는 배움이다.

특히, 책을 읽으며 만나는 좋은 문장들은 인생의 훌륭한 지표가 되어준다. 나는 개인적으로 책 속에서 좋은 문장을 발견하면 그때마다 따로 적어놓고 수시로 다시 보는데, 이것이 삶을 살아가는 데 큰 힘이 된다. 내가 채집한 문장이 쌓일수록 인생의 우물도 깊어진다.

책을 읽으면 행복하다. 우리는 책을 읽으면서 '나는 왜 이 부분에 공감하는가?', '이 소설 속 주인공에 대한 나의 반감은 어디에서 오는가?', '내가 이 책에서 좋아하는 부분은 무엇인가?' 등의 수많은 질문에 스스로 답한다. 독서는 내가 묻고 책이 답하는 과정과 책이 묻고 내가 답하는 과정의 반복이다. 이러한 과정을 통해 내가 누구인지 알아갈 수 있고 그것을 바탕으로 진짜 나를 만들어 간다. 이것이 행복을 여는 첫 단추다.

이처럼 독서는 그 자체로써 즐거운 일이며, 이를 통해 성장하고 강해질 수 있다. 책을 통해 행복의 실마리를 찾을 수도 있다. 책을 읽는 이유가 단지 이뿐만은 아니다. 이 책을 읽고 있는 여러분이라면 왜 책을 읽어야 하는지에 대한 자신만의 대답을 갖고 있을 것이다. 아직 없다면 이제부터라도 그 이유를 찾아보며 책을 읽어 나가면 어떨까? 나만의 독서 이유를 찾는다면 책 읽기와 훨씬 더 가까워질 수 있다.

책 읽는 가족이 행복하다

책을 읽기 시작하면서부터 도서관에 자주 갔다. 특히 '천 권 가족 프로젝트'를 진행하면서 일주일에 한 번은 꼭 가족들과 함께 도서관에 들르려고 노력했다. 다음 한 주 동안 읽을 책들을 찬찬히 고르는 것도 좋고, 열람실 한구석에서 조용히 책 속에 빠져드는 것도 기분 좋은 일이다. 어린이 자료실에서 아이와 함께 책을 보는 것도 빠질 수 없는 도서관의 즐거움이다.

그런데 나는 도서관에 올 때마다 무섭다는 생각이 들 때가 있다. 도서관에서 집중해 책을 읽고 있는 사람을 볼 때 '저 사람은 조용히 칼을 갈고 있구나!'라고 생각한다. 수험서로 공부하는 사람도 있고, 자기계발서를 읽고 있는 사람도 있고, 심리학 책을 읽는 사람도 있다. 자기의 꿈을 이루기 위해, 나를 찾기 위해, 더 나은 미래를 위해 오늘도 성실하게 하루를 쌓아가며 성장하는 사람의 모습이 멋지면서도 두렵다고 느끼는 것이다.

특히 더 무서운 것은 가족이 함께 와서 책을 읽는 모습이다. '와! 저 집 식구들은 단체로 칼을 갈고 있구나!'라는 생각 때문이다. 한때 소림사를 주제로 한 홍콩영화가 우리나라에서 크게 유행이었는데, 그런 영화에서 빠지지 않는 장면이 소림사에서 스님들이 함께 무공을 닦는 모습이다. 힘든 훈련 기간을 함께 겪으며 서로 의지하고 수련하는 가운데 그들의 무공은 최강이 되어 갔다. 나는 도서관에서 책 읽는 가족들의 모습을 보며 이런 장면을 떠올리곤 하는 것이다.

우리 '천 권 가족'도 뒤처질 수 없기에 오늘도 도서관을 찾는다. 여러분 가족이 언젠가 도서관에서 우리 가족을 만난다면 함께 독서 내공을 겨뤄보기를 정중히 청한다. 그날을 위해 우리는 오늘도 책을 펴고 단체로 칼을 갈겠다.

심리학자 서은국 박사가 쓴 책『행복의 기원』에서 저자는 찰스 다윈의 진화론에 근거해 행복을 목적이 아닌 수단으로 인식하며, 행복도 생존과 번식을 위한 진화의 산물이라고 설명한다. '천 권 가족 프로젝트'를 실천하며 이 책을 읽었는데 '책 읽는 가족'이라는 관점에서 다시 생각하게 하는 부분이 있었다.

저자의 유학 시절 그의 지도 교수가 쓴 논문 제목이 나오는데 '행복은 기쁨의 강도가 아니라 빈도다(Happiness is the frequency, not the intensity, of positive affect).'였다. 행복은 아이스크림과 비슷해서 입을 잠시 즐겁게 하지만 금세 녹는다. 그러므로 행복하기 위해서는 자주 여러 번 아이스크림을 맛봐야 한다. 가족이 행복하기 위해서도 마찬가지다. 명문대 합격, 승진, 명품 가방과 같은 큰 이벤트는 기쁨의 강도가 셀지는 모르지만 자주 있는 일은 아니다. 그러나 행복은 강도가 아니라 빈도이므로 우리는 자주 행복감을 느껴야 하는데 독서가 행복의 아이스크림이 될 수 있다. 책을 읽으면 매일의 일상 속에서 행복의 아이스크림을 맛볼 수 있다.

이 책에서 또 하나 기억에 남는 부분은 행복이라는 것을 한 장의 사진으로 설명하고 있는 마지막 부분이다. 책에서는 이 책의 내용과 다양한 연구 결과들을 종합해 행복이란 좋아하는 사람과 함께 음식을 먹는 것으로 결론 내렸다. 진화론적 관점에서 인간이 생존하기 위해 가장 중요한 것이 바로 사람과 음식이기 때문이다. 나는 여기에 한 가지를 꼭 추가하고 싶은데 독자 여러분께서 예상하는 것과 같이 그것은 바로 책이다. 그래서 내가 정의하는 행복이란 좋아하는 사람과 함께 맛있는 음식을 먹고 같이 책을 읽는 것이다.

도전! '천 권 가족 프로젝트'

사실 우리는 책과 담쌓은 가족이었다. 우리나라 성인의 연간 평균 독서량이 4.5권이라고 하는데 나와 아내의 독서량은 0권이었다. 전혀 책을 읽지 않았다. 그나마 딸은 어릴 때부터 책을 읽어왔다. 그러나 부모가 TV를 보고 스마트폰을 만지는데 아이가 꾸준히 독서 습관을 유지하기는 어려운 일이었다.

미국의 사업가이자 동기부여 강사인 짐 론은 "우리는 가장 많은 시간을 함께 보내는 다섯 명의 평균이다."라고 말했다. 지금까지 우리와 가장 많은 시간을 보냈고, 앞으로도 오랜 세월을 함께할 사람이 가족이다. 그러므로 내가 다른 모습이 되고 싶다면 가족도 그렇게 변화시켜야 한다. 긍정적 변화의 길을 가족과 함께 걸어야 하는 이유다.

그래서 우리 가족은 함께 책을 읽기로 했다. 우리는 1년에 1,000권의 책을 읽기로 했다. 굳은 의지로 '천 권 가족'의 첫발을 내디뎠다. 그해 10

월 1일을 출정식 날짜로 잡았다. 1,001! 1,000권 이상을 읽겠다는 의지를 담아 날짜도 신중히 골랐다. 그날 우리 가족은 모두 모여 작은 세리머니를 가졌다. 이 자리에서 나는 가족들에게 다음과 같이 출사표를 던졌다.

사랑하는 가족 여러분!

오늘 우리 가족이 모두 모인 이 자리에서 '천 권 가족 프로젝트'의 힘찬 출정식을 개최할 수 있어 매우 뜻깊게 생각합니다. 우리는 올해 1월에 '새 가족 새 출발 비전 2040'을 발표한 바 있습니다. '잘 사는 우리 집, 행복한 우리 가족'이라는 비전 아래 ① 튼튼한 가족건강, ② 풍족한 가정경제, ③ 즐거운 가정환경, ④ 똑똑한 공부습관 등 네 가지 분야별 비전도 함께 세웠습니다.

9개월이 지났습니다. 어제보다 나은 오늘, 오늘보다 나은 내일을 위해 하루하루를 소중히 채워왔습니다. 많은 긍정적인 변화가 있었습니다. 그러나 아쉽게도 우리의 노력은 온전히 뭉치지 못했고, 비전을 향해 나아가는 발걸음은 무겁기만 했습니다. 우리를 비전 2040으로 이끌 확실하고 강력한 삶의 도구가 필요했습니다.

우리는 그것을 책 속에서 찾을 수 있었습니다. 아니, 그것은 오직 책 속에만 있었습니다. 이제 우리는 독서를 통해 '잘 사는 우리 집, 행복한 우리 가족'을 향해 힘차게 나아갈 것입니다. 앞으로 우리 가족은 1년 동안 천 권의 책을 읽을 것입니다. 이것이 '천 권 가족'의 명확한 목표입니다. 구체적으로 아빠는 230권, 엄마는 70권, 채윤이는 700권을 읽을 것입니다.

이와 함께 '천 권 가족'의 네 가지 원칙도 밝히고자 합니다. 우리의 운명을 바꿀 독서라는 의미에서 FATE 원칙이라 이름 붙였습니다. ① 실천하는(Fulfill) 독서, ② 언제나(Always) 독서, ③ 함께하는(Together) 독서, ④ 즐기는(Enjoy) 독서입니다.

이제 목적지는 정해졌습니다. 멀고 험한 길이 될 것입니다. 그러나 우리 가족이 손잡고 함께 나아간다면 반드시 도착할 수 있는 곳입니다. 헨리 포드는 말했습니다. "할 수 있다고 생각하면 할 수 있고, 할 수 없다고 생각하면 할 수 없다." 할 수 있다는 자신감으로 힘찬 첫발을 함께 내디딥시다! 1년 뒤 오늘, 우리 가족이 다시 모여 '천 권 가족 프로젝트'의 성공을 축하하는 감격스러운 순간을 그려 봅니다. 감사합니다.

드디어 '천 권 가족 프로젝트'의 대장정이 시작되는 순간이다.

책과 담쌓았던 우리 가족은 어떻게 1년 만에 1,000권을 읽었을까

제2장

독서는 시스템이다

계획을 세우지 않는 것은 실패를 계획하는 것이다.

브라이언 트레이시(1944~, 캐나다 자기 계발 전문가)

책과 담쌓았던 우리 가족은

어떻게 1년 만에
1,000권을 읽었을까

가족의 운명을 바꾸는 FATE 독서원칙

나는 이제 직장 생활 17년 차에 접어들고 있다. 지금이야 무슨 일이 떨어져도 웬만하면 능숙하게 처리하고, 다른 부서 사람들과도 큰 어려움 없이 협업할 수 있게 되었지만, 입사 초기에는 모든 게 낯설고 어렵기만 했다. 누구나 그렇듯이 시간이 지남에 따라 회사 환경에 익숙해지고 일이 손에 익게 된 것이다.

직장 생활을 오래 하다 보니 여러 사람을 보고 그들의 성장 과정을 옆에서 지켜보게 되는데, 신입사원 때는 서로 비슷해 보였던 사람들이 몇 년 후에 보면 전혀 다른 위치에 서 있는 경우를 목격하게 된다. 단지 직급만을 말하는 것이 아니다. 업무 능력은 물론 대인관계 등 모든 면에서 큰 차이를 보인다.

이러한 차이는 어디서 오는 것일까? 개인의 능력이나 성격, 보직 경로, 자기 계발 등 여러 가지 이유가 있겠지만 내 경험에 의하면 회사 생활의 원칙이 있느냐 없느냐 하는 것이 가장 크게 영향을 미쳤다. 원칙이라고 하니 뭔가 대단한 것으로 생각할 수도 있겠지만 여기서 말하는 원칙은 '나는 이런 상황에서 이렇게 하겠다.'라는 자기 나름의 행동 기준을 말한다.

각각의 상황에서 어떻게 대응할지 미리 원칙을 정해놓은 사람과 그렇지 않은 사람은 큰 차이가 생길 수밖에 없다. 원칙이 있다면 더 빨리 움직일 수 있고, 더 신중하게 대처할 수 있다. 어떻게 해야 할지 고민할 필요가 없기 때문이다. 여러 차례의 시행착오를 거쳐 만들어진 원칙이 실수를 줄여준다. 원칙에 따른 행동을 통해 일관성을 갖게 되고 다른 사람의 신뢰를 얻을 수 있게 된다.

나도 회사 생활 3원칙을 만들어 지키고 있는데 여기서 잠깐 소개하고자 한다. 첫째, 잘못된 것은 즉시 고친다. 잘못된 일이 있으면 그 자리에서, 그것이 안 된다면 가장 이른 시간 안에 바로잡으려 한다. '다음에 고치지 뭐.'라는 게으른 생각을 하는 순간, 잘못을 만회할 기회는 망각 속으로 사라지고 그 일로 인해 곧 곤란을 겪은 경험이 많았기 때문이다.

둘째, 문제를 긍정적으로 받아들인다. 과거에는 일하는 과정에서 문제가 발생하면 우선 짜증부터 나고 소극적으로 해결에 나서는 경우가 많았다. 그러나 문제는 '일하려면 당연히 발생하는 업무의 일부라고 생각을 바꾸고, 직면한 문제를 해결함으로써 내가 한 단계 더 성장하는 계기가 될 수 있다는 인식의 전환을 통해 문제에 더욱 적극적으로 임할 수 있게 되었다. 이런 태도는 당연히 업무 실력을 키워주고 열심히 일한다는 칭찬도 불러온다. 아직도 갑자기 일이 몰리거나 예상치 못하게 꼬이면 짜증이 난다. 그러나 이러한 원칙이 있기 때문에 다시 마음을 고쳐먹고 업무를 대할 수 있다.

마지막 원칙은 다른 사람의 험담을 하지 않는다는 것이다. 회사는 많은 사람이 서로 관계를 맺고 일하는 곳이다. 당연히 좋은 관계도 있지만 그렇지 못한 관계도 존재할 수밖에 없다. 내가 느끼기에는 나와 좋은 관계에 있다고 생각했는데 사실을 그렇지 않은 때도 있다. 이런 상황 속에서 사람들이 모이면 가장 많은 대화 소재가 다른 사람에 대한 험담이다.

그 자리에서는 재미있고 나도 한마디 보태며 대화를 이어가는 재료가 되지만 남의 험담은 참으로 쓸데없는 짓이다. 내 소중한 에너지를 전혀 생산적이지 않은 일에 낭비하는 것일 뿐만 아니라 나의 인간관계에도 큰 구멍을 내는 일이다. 내가 한 험담은 어떻게든 그 당사자의 귀에 들어가게 되고, 나와 다른 사람의 흉을 같이 본 그 사람은 제3자에게 내 욕을 할 것이 분명하기 때문이다. 하지만 세 번째 원칙은 나도 여전히 못 지키는 경우가 많음을 반성한다.

책을 읽자고 주장하는 이 책에서 이런 회사 생활의 원칙을 주저리주저리 말하는 이유는 독서를 포함해 모든 일에는 원칙이 있어야 한다고 주장하고 싶어서다.

'천 권 가족 프로젝트'를 시작하면서도 먼저 원칙을 세웠다. 1년 동안 가족 프로젝트를 진행하며 흔들림 없이 꾸준하게 독서를 해나가기 위해서는 기준이 필요했기 때문이다. 책을 읽어 가며 어떤 기준을 가져야 할지 생각해 보니 크게 네 가지 원칙을 세울 수 있었다. 각 원칙의 앞 글자를 따니 운명이라는 뜻의 영어 단어 'FATE'가 되었고, 여기에 '우리 가족의 운명을 바꾸는 FATE 독서원칙'이라고 그럴듯한 이름도 붙였다.

Fulfill 실천하는 독서
Always 언제나 독서
Together 함께하는 독서
Enjoy 즐거운 독서

우리 가족이 책을 읽기로 한 것은 변화하기 위한 것이었다. 변하기 위해서는 책을 읽고 실천하는 것이 꼭 필요하다. 그래서 첫 번째 원칙이 '실천하는 독서'다. 또한, 가족이 언제나 함께 책을 읽는 것은 가족 독서 프로젝트로서 당연한 원칙이 될 것이다. 이것이 바로 '언제나 독서'와 '함께

하는 독서' 원칙이다. 마지막으로 독서를 즐겁게 읽어야 한다는 원칙을 두었다. 책을 읽는 것이 즐거워야 한다. 그래야 계속 읽을 수 있다.

내가 회사에서 원칙을 갖고 일한 것처럼 가족과 책을 읽는 '천 권 가족 프로젝트'에서도 원칙을 만들었다. FATE 독서원칙을 기준으로 효과적이고 꾸준하게 책을 읽을 수 있었고, 프로젝트 성공에 큰 힘이 되었음은 물론이다.

FATE 독서원칙은 독자 여러분이 가족과 함께 책을 읽어 가는 데 있어 중요한 길라잡이가 되어줄 것이다. 그래서 각 원칙에 대해 조금 더 자세히 설명해 보도록 하겠다.

① (Fulfill) 읽었으면 실천하라

변화를 위해 책을 읽는다면 반드시 책을 읽은 후에 실천이 뒤따라야 한다. 나를 바꾸고 우리 가족의 삶을 더 나은 곳으로 옮기려면 독서와 실천은 한 몸이 되어야 한다. 독서라는 행위 자체의 즐거움이나 책을 읽고 느끼는 다양한 감정이 소중하지 않다고 이야기하려는 것이 아니다. 다만 변화를 위한 책 읽기에서만큼은 '실천하는 독서'가 가장 중요하다는 것을 강조하는 것이다.

명나라 중기 왕수인은 학문적 지식에만 치우친 기존의 주자학을 비판하며 새로운 유가의 철학으로 양명학을 주창했다. 실천 중심의 학문인 양명학의 핵심적인 철학이 바로 지행합일(知行合一)이다. 안다는 것과 행한다는 것은 본래 하나로 알면서도 행동으로 옮기지 않으면 모르는 것과 같다는 것이다. 바로 이점이 기존 주자학의 선지후행(先知後行)과 뚜렷하게 구분되는 양명학의 요체이다. '실천하는 독서'는 바로 이 지행합일의 정신이다.

『격몽요결(擊蒙要訣)』은 율곡 이이의 대표적인 저서로 꼽히는데 초학자에게 배움의 자세와 방법을 가르치는 책이다. 이 책은 전체 10장으로 구성되어 있는데 그 중 책을 읽는 방법에 관해 이야기하고 있는 '독서장(讀書章)'에서도 역시 '실천하는 독서'를 강조하고 있다.

글의 의미와 뜻을 깊이 터득하고 글 구절마다 반드시 자기가 실천할 방법을 구해 본다. 만일 이렇게 하지 않고 입으로만 글을 읽을 뿐 자기 마음으로는 이를 본받지 않고, 또 몸으로 행하지 않는다면 책은 책대로 있고 나는 나대로 따로 있을 뿐이니 무슨 유익함이 있겠는가?

본격적으로 책을 읽기 시작하면서 자연스레 '어떻게 하면 조금이라도 책을 더 잘 읽을 수 있을 것인가?'라는 고민으로 독서법에 관한 책들을 많이 읽었다. 그중에는 특히 실천 독서를 강조하는 책들이 많았는데 여기서는 그 내용이 좋았던 책 몇 권을 소개하고자 한다.

먼저 박상배 작가의 『인생의 차이를 만드는 독서법, 본깨적』이라는 책이다. 이 책은 내가 좋아하는 책 중의 하나로 여러 번 읽으며 독서 초기부터 지금까지 나의 책 읽기에 큰 영향을 주었다. 제목의 '본깨적 독서법'이란 저자의 핵심을 제대로 보고(본 것), 그것을 나의 언어로 확대 재생산하여 깨닫고(깨달은 것), 내 삶에 적용하는(적용할 것) 책 읽기를 의미한다. 여기서 가장 강조하는 것이 바로 '적용'으로 책에서 보고 깨달은 내용을 실제의 삶에 실천을 통해 접목해야 한다는 것이다.

독서부자 낙숫물의 『16년 차 월급쟁이 2년 만에 경제적 자유를 얻은 실천 독서법』도 재미있게 읽은 책이다. 직장에 다니며 변화를 갈망하고 있는 내 상황과 비슷하기도 하고, 내가 나아가고 있는 책 읽기 방향과도 닮아 있어 많이 공감하며 읽었던 기억이다. 책에서 얻은 내용을 습관화하는 것이 중요하다고 말하며 독서 계획 작성, 독서 리스트 만들기 등 저자의 실천 독서법이 듬뿍 담겨 있다.

최근에 다시 읽은 유근용 작가의 『일독일행 독서법』도 유익하다. 제목에서도 알 수 있듯이 이 책에서도 책 한 권을 읽으면 실천 하나가 뒤따라야 한다고 역설하고 있다. 특히 나는 이 책에서 나온 다음 문장을 따로 적어놓고 여러 번 보며 '실천하는 독서'를 실천해 왔다.

책을 읽으며 자신의 모자란 부분을 채우고 인생을 변화시키겠다는 의지를 바람 앞의 촛불처럼 꺼뜨려서는 안 된다. 책을 읽었다면 반드시 행동으로 옮기자.

'책을 읽으면 단 하나라도 실천 거리를 찾아 즉시 행동에 옮겨라!' 이것이 바로 '천 권 가족 프로젝트'를 시작하며 세운 FATE 독서원칙의 첫 번째 '실천하는 독서'다. 나는 항상 책을 읽을 때면 책 속에서 실천 거리를 찾는 데 에너지를 집중한다. '실천 독서'라는 안경을 끼고 책을 읽으면 실천할 것을 찾아낼 수 있다. 실천할 내용을 찾으면 그것을 따로 노트에 적어놓는다. 예를 들면 다음과 같은 것들이다.

『이기는 습관』(전옥표) : 인사 잘하기, 항상 웃음 짓기

『나는 나로 살기로 했다』(김수현) : 나를 소중하게 여기고 행복하기 위해 노력하기

『육일약국 갑시다』(김성오) : 매일 하나라도 나의 경쟁력을 추가하기, 고객(동료 직원) 만족도 높이기

『나는 불평을 그만두기로 했다』(크리스트 트워키) : 불평 그만두기 21일 도전

『생각의 비밀』(김승호) : 지갑, 책상, 차 트렁크 정리하기

보면 알겠지만, 인사 잘하기, 차 트렁크 정리하기 등 정말 사소한 것들이 많다. 나는 아주 작은 것이라도 책을 읽으면 하나라도 더 배우고 실천하자는 마음으로 책장을 넘긴다.

모든 책에서 실천할 것을 찾을 수 있는 것은 아니다. 소설이나 시 같은 문학 작품은 장르의 특성상 도저히 따라 할만한 것이 없는 때도 있고, 어떤 책은 내용이 부실해서 실천할 만한 것이 전혀 없을 때도 있다. 그러나 기본적으로 실천 독서의 원칙을 마음에 새기고 겸손한 자세로 책을 접할

때 우리는 책 속에서 실천 거리를 찾기가 쉬워진다.

일단 실천 거리를 찾으면 가급적 당일에 실행하려고 노력한다. 그런 후에 이걸 계속하는 것이 나에게 도움이 되는지 자체 평가한 후 계속 실천해 습관으로 만들지를 결정한다.

이렇게 책을 읽고 실천하는 경험이 쌓일수록 내 삶도 조금씩 변해갔다. 실천할수록 하루가 바뀌었고 인생의 방향이 서서히 바뀌어 가는 것을 체감할 수 있었다.

'실천하는 독서'는 우리 가족을 바꾸는 터닝 포인트가 되었고, 지금도 계속해서 더 나은 삶을 만들어 가는 징검다리가 되어주고 있다. 한 권의 책을 읽고 하나의 실행을 함으로써 그다음으로 내디딜 수 있는 든든한 발판이 되기 때문이다.

책을 읽기만 하는 것은 진정한 독서가 아니다. 변화를 위한 독서라면 책을 읽고 실천하여 성장하는 단계까지를 포함하는 개념으로 생각해야 한다. 그래서 나는 '실천하는 독서'를 가족 독서원칙 중 가장 앞에 두고 강조하고 있다.

② (Always) 언제나 책을 곁에 둬라

한참 독서의 즐거움에 푹 빠져 열심히 책을 읽을 때는 항상 머릿속에 책이 있었다. 사무실에서 일하면서도 일찍 퇴근해 책을 읽고 싶다고 생각하기도 했고, 어젯밤에 읽던 책을 서둘러 다시 펼치고 싶어 아침 일찍 저절로 눈이 떠진 경험도 있다. 직장도 다녀야 하고 집안일도 챙겨야 해서 계속 책만 읽을 수는 없지만 언제나 책에 관한 관심을 놓지 않는 것, 이것이 바로 '천 권 가족 FATE 독서원칙'의 두 번째 '언제나 독서'다.

하루 24시간이라는 한정된 시간 속에서 진짜 내 시간은 얼마나 될까? 우선, 먹고 자고 씻는 등 살아가는 데 꼭 필요한 시간이 10시간으로 하루의 40%를 넘는다. 이런 시간은 우리가 살아가는 데 필수적인 시간으로 더 줄일 수가 없다. 시간을 아낀다고 밥을 안 먹고 잠을 안 자는 것은 불가능한 일이다.

나 같은 직장인은 매일 회사에 간다. 출·퇴근하는 데 보통 1시간이 걸리고, 근무 시간은 아침 9시부터 저녁 6시까지지만 야근이라도 하는 날이면 퇴근 시간은 밤 10시가 넘는 날도 많다. 회사에 가서 일하고 집으로 다시 돌아오기까지 평균 잡아 12시간 정도이다. 이제 필수시간 10시간과 직장 시간 12시간을 빼면 오직 24시간 중 단 2시간만 남게 된다. 2시간 이 진짜 나의 시간인 셈이다. 2시간 동안 당신은 무엇을 하는가? 보통의 우리가 모두 비슷하지만 그 시간은 TV, 스마트폰이 차지하고 있다. 가끔 술과 친구가 그 자리를 대신하기도 한다.

바빠서 책을 읽지 못한다는 것은 사람들이 가장 즐겨 쓰는 최고의 핑 계다. 당신의 오늘은 어떤가? 역시나 정신없이 바쁜 하루를 보내며 독서 는 감히 엄두도 내지 못하고 있는가? 변화경영 전문가 구본형의『익숙한 것과의 결별』에서는 중요한 일을 나중으로 미루고, 급한 일부터 처리하 는 '바쁜 사람'을 바보라고 말한다. 눈앞의 급한 일만 처리하다 보면 어느 새 세월은 훌쩍 흐르고 왜 그렇게 바빴는지, 무엇을 위해 살았는지에 대 해 답할 수 없게 된다.

급한 일이 아니라 중요한 일을 먼저 해야 한다. 친구와 술을 한잔하며 다른 사람의 뒷얘기나 하는 것, TV 드라마를 보며 울고 웃는 것 등은 독 서보다 중요한 일이 아니다. 내가 이 책을 통해 지금까지 이야기한 바와 같이 독서를 중요한 일로 인정했다면 우리의 하루에서 책 읽을 시간을 먼저 배정해야 한다. 이것은 알뜰한 살림꾼이 월급을 받으면 저축할 돈 을 미리 떼놓고 소비하는 것과 마찬가지다.

그러면 '천 권 가족'은 진짜 내 시간을 어떻게 채워 나갔을까? '천 권 가족 프로젝트'를 진행하며 '언제나 독서' 원칙에 따라 우리의 시간을 독서로 채워나갔다. 하루를 보내며 각자 시간을 만들어 책을 읽었다. 나는 출퇴근 시간, 회사 점심시간을 내 시간으로 넓혀나갔다. 그러자 하루 중 단 2시간이었던 내 시간이 3시간, 4시간으로 확장되었다. 전에는 나를 스쳐 지나 흘러갔던 시간이 이제는 내 안에 머물며 책을 담을 수 있는 소중한 시간으로 변해갔다.

밤이 되면 모두 함께 모여 책을 읽었다. '가족 독서 시간'이라고 이름을 붙인 이 시간은 밤 9시부터 9시 30분까지 30분간이다. 웬만해서는 예외가 없다. 자기가 읽고 싶은 책을 가지고 거실에 모여 책을 읽어야 한다.

주말에는 도서관에서, 서점에서 책을 읽었다. 약속을 기다리며 책을 펼쳤고, 맛집 앞에 줄을 서서도 책을 꺼내 읽었다. 시간을 정해 가족과 함께 책을 읽고, 매일의 작은 틈마다 책 읽는 시간을 끼워 넣어 하루를 채워나갔다. 이것이 바로 항상 책을 읽는 '천 권 가족'만의 시간 관리법이고, '언제나 독서' 원칙이다.

③ (Together) 가족과 함께 읽어라

나는 회사에서 점심시간을 이용해 산책하곤 한다. 혼자 걸으며 사색도 즐기고 음악을 듣기도 한다. 요새는 오디오북을 들으며 걷는데 운동과 독서를 함께 즐길 수 있어 좋다. 점심 산책 시간은 오전 근무를 끝내고 한숨 돌리며 마음의 여유를 찾을 수 있다. 간혹 밖에서 점심 약속이 있거나 급한 업무로 인해 이 시간을 뺏기게 되면 소화가 안 된다. 더불어 마음의 소화도 안 된다.

내가 발견한 회사 주변 산책 코스가 몇 개 있는데 그중 하나를 따라가다 보면 학교가 나온다. 정문에는 우뚝 솟은 큰 돌에 교훈이 한자로 적혀 있다. '교학상장(敎學相長)', 가르치고 배움으로써 서로 성장한다는 뜻이다. 나중에 따로 찾아보니 중국 오경(五經)의 하나인 『예기(禮記)』의 『학기(學記)』편에 나오는 말이었다. 원문에는 다음과 같은 내용으로 적혀 있다.

비록 좋은 안주가 있다고 하더라도 먹어 보지 않으면 그 맛을 알 수 없다. 또한, 지극한 진리가 있다고 해도 배우지 않으면 그것이 좋은지 알지 못한다. 따라서 배워 본 이후에 자기의 부족함을 알 수 있으며, 가르친 후에야 비로소 어려움을 알게 된다.

줄탁동시(啐啄同時)라는 말도 있다. 병아리가 알에서 깨어나기 위해서는 어미 닭이 밖에서 쪼는 동시에 병아리가 안에서도 쪼아야 함을 의미한다. 이 사자성어를 접하면 헤르만 헤세의 소설 『데미안』의 그 유명한 문장이 생각난다.

새는 알에서 나오려고 투쟁한다. 알은 세계다. 태어나려는 자는 하나의
세계를 깨트려야 한다.

하나의 세계를 깨트리는 과정에서 줄탁동시가 이뤄질 수 있다면 새로운 세계로 나가는 길에 조금은 더 빨리 나아갈 수 있지 않을까?

'천 권 가족 FATE 독서원칙'의 세 번째 '함께하는 독서'는 '교학상장'과 '줄탁동시'에 맞닿아 있다. 가족과 함께하는 독서는 일방적인 배움이나 가르침이 아니다. 온 가족이 함께 책을 읽는 가운데 서로 배우고 가르치며 더불어 성장해 나가는 모습이 '천 권 가족'의 모습이어야 한다.

또한, 한 단계씩 성장해 가며 새로운 모습을 맞이하기 위해 알을 깨고 나오려는 병아리와 밖에서 이를 도와주는 어미 닭의 모습이 바로 '천 권

가족'의 모습이다.

'함께하는 독서' 원칙은 독서를 개인적인 영역에서 작은 공동체인 가족과 함께할 수 있는 영역으로 조금 더 확대했다. 그러나 가족 독서라고 해도 책을 읽는 것은 어디까지나 개인적인 행위일 수밖에 없다. 이렇게 혼자 읽는 책이지만 책에서 읽은 것과 느낀 것을 서로 나누고 권하며 함께 읽는 습관을 만들어 간다는 데서 '함께하는 독서'의 의미를 찾을 수 있다.

우리는 주말부부다. 결혼 초부터 10여 년 넘게 계속 주말부부로 지내다 보니 함께할 수 있는 시간이 다른 가족에 비해 부족할 수밖에 없다. 우리가 하는 '천 권 가족 프로젝트'라는 것이 가족과 함께 책을 읽는다는 것인데 함께하는 시간 자체가 부족하다 보니 한계에 직면한 느낌이었다.

그러나 '함께하는 독서' 원칙을 정하며 단순하게 같은 공간에서 같은 시간을 보내는 데에 한정하지 않고 서로 다른 공간과 시간이라도 책이라는 교집합으로 묶인 가족이라는 의미를 담고자 했다. 화상통화로 매일 밤 읽은 책들을 서로 나눌 수 있었고, 매월 한 권씩 똑같은 책을 읽었다. 이렇게 우리는 '함께하는 독서' 원칙을 지켜나갈 수 있었다.

④ (Enjoy) 즐겁게 책장을 펼쳐라

즐거워야 계속할 수 있다. 즐거움이란 무엇인가를 오랫동안 해나갈 수 있는 최고의 원동력이 된다. 아무리 가치 있고 유익한 것이라 해도 즐겁지 않으면 계속할 수 없다. 처음 한두 번은 의지를 다지며 억지로 밀어붙일 수도 있겠지만, 그것에만 의존해서는 또 다른 작심삼일(作心三日)의 예시가 될 뿐이다.

반면, 즐거운 일은 어떤가? 누가 시키지 않아도 스스로 먼저 찾아서 하게 되고, 시간이 없어 바쁜 와중에도 기어코 틈을 찾아서 하게 된다. 하면 할수록 즐겁기 때문이다. 그래서 '천 권 가족 프로젝트'는 '즐거운 독서'를 지향하고, 이를 FATE 독서원칙의 마지막으로 정했다.

프랑스의 사상가 미셸 몽테뉴는 가장 싼 값으로 가장 오랫동안 즐거움을 누릴 수 있는 것이 책이라고 말한 바 있다. 나는 책 읽기의 즐거움을 책 속에서 찾았고, 책 밖에서도 찾았다.

먼저 책 안에 있는 즐거움은 책을 읽고 새로운 지식을 얻는 것, 책 속 이야기에서 감동과 재미를 느끼는 것, 책을 읽고 새로운 생각의 씨앗을 품게 되는 것이다.

다음으로 책 밖에서 찾은 즐거움은 책 속에서 얻은 것들을 양분 삼아 어제보다 한 뼘 더 성장하는 것, 새롭게 꿈을 꾸고 그 꿈을 향해 한 걸음 더 나아가는 것, 용기를 내 새로운 일에 과감히 도전하는 것이다. 프란츠 카프카의 말처럼 책이 도끼가 되어 우리 머릿속의 얼어붙은 바다를 깨고 저 멀리 바다로 나아갈 수 있을 때 진짜 책 읽기의 즐거움이 생겨난다.

그러나 책 읽기의 즐거움을 알기 위해서는 우선 책을 어느 정도 읽어 봐야 한다. 그래야 독서하면 무엇이 즐거운지를 직접 체감할 수 있고, 그 즐거움이 독서 열차를 달리게 하는 연료가 된다. 고기도 먹어 본 사람이 먹는다고 했다. 문제는 즐거움을 알기까지의 그 기간인데, 대부분 사람이 이 어두운 터널을 통과하지 못하고 중간에 포기하게 되어 책 읽기는 또다시 내년 목표로 넘어가게 된다.

작은 언덕을 넘어야 그 너머 멋진 축제에 갈 수 있다. 물론 책을 전혀 읽지 않던 사람이 책을 읽는다는 것은 그 자체가 쉽지 않은 도전이다. 내가 그랬기 때문에 누구보다 잘 안다. 그래서 그 언덕을 넘어가는 데 도움이 될 세 가지 방법을 권해본다.

첫째, 부담 없는 마음으로 읽어라. '지금 당장 독서로 내 인생을 확 바꿔버리겠다!'는 비장한 각오로 처음부터 무리해서 독서 목표를 잡지 마

라. '나 오늘부터 책을 하루 한 권씩 읽을 거야!', '이제부터 매일 5시간씩 책을 읽을 거야, 나 말리지 마!' 충만한 독서 의욕은 좋지만 이래서는 오래 하기가 어렵다. 부담 없이 시작해 보자. 이 정도는 얼마든지 해낼 수 있다고 생각하는 딱 그만큼을 목표로 잡아보자. 하루 30분, 일주일에 한 권 정도면 어떨까?

둘째, 좋아하는 것부터 읽어라. 처음 책을 읽을 때는 책 한 권을 처음부터 끝까지 읽는다는 것이 정말 어렵게 느껴진다. 그러나 내가 읽고 싶었던 책, 좋아하는 책이라면 조금 더 쉽게 책장을 넘길 수 있지 않을까? 추리소설을 좋아하면 추리소설부터, 시를 좋아하면 시집부터, 판타지를 좋아하면 그것부터 읽기 시작하자.

셋째, 가족과 함께 읽어라. 다른 가족들이 거실에서 TV를 보면서 웃고 있는데 혼자 방에서 책을 읽어야 한다면 괴로울 것이다. '함께하는 독서' 원칙에서도 이미 이야기했지만, 독서 습관을 만드는 동반자가 되어야 할 첫 번째 대상은 바로 가족이다. 가족과 함께 책을 읽는 행복한 경험을 통해 독서의 즐거움이 더욱 커진다.

당신은 일주일 만에 독서의 즐거움을 알게 될 수도 있고, 어쩌면 한 달이 넘게 걸릴 수도 있다. 이 시간만큼은 조금 지겹고 힘들더라도 꼭 참고 책을 읽어보자. 부담 없는 마음으로 좋아하는 것부터, 가족과 함께 책을 읽기 시작하자. 머지않아 책 읽는 즐거움이 당신을 찾아올 것이다.

100일 연속 10,000보 걷기로 배운 성공 시스템

나이가 마흔을 넘어가니 배가 나오기 시작한다. 원래 마른 체형인 나는 생전 배가 안 나올 줄 알았는데, 팔다리는 가늘고 아랫배는 불룩한 ET 체형이 되어 가고 있었다. 얼마 전 받은 건강검진에서는 골밀도가 떨어지고 고지혈증의 위험이 있다는 결과지를 받았다. 잦은 회식에서는 삼겹살과 소주로 배불리 먹고 사무실에서도 간식이 생기면 바로 먹어 치운다. 회사업무가 바쁘다는 핑계로 운동과는 거리를 두고 지내다 보니 이런 결과가 당연하다고 생각하면서도 건강에 켜진 적신호가 무섭게 깜빡거리는 것 같아 걱정이 커졌다.

이대로는 도저히 안 되겠다 싶어 뭐라도 해보자고 결심했다. 건강을 위해 오늘 당장 할 수 있는 것을 찾아서 해보자. 그래서 나는 걷기로 했다. 건강을 위해 운동이 필요하고, 운동을 위해 걷기로 한 나는 가장 먼저 목표를 세웠다.

100일 연속 10,000보 걷기

앞으로 100일 동안 연속해서 매일 10,000보 이상 걷겠다는 목표다. 걷기가 체중감량, 성인병 예방, 혈액 순환, 뇌졸중 예방 등 건강에 좋다는 것은 너무나 잘 알려진 사실이고 '하루 10,000보 걷기'는 바로 생활 운동의 대명사가 아닌가. 그리고 100일이라는 기간은 내 몸에 습관을 확실하게 자리 잡도록 하는 충분한 시간이다.

목표를 정했으니, 다음으로 계획이 필요했다. 어떻게 하루에 10,000보를 채울 것인가 하는 전략이다. 보통 내가 일상생활에서 걷는 걸음이 평균 3,000보 정도다. 여기에는 화장실 다니는 걸음, 점심 먹으러 다녀오는 걸음, 집 안에서 걷는 걸음 등이 모두 포함된다. 10,000보를 채우기 위해서는 7,000보를 더 걸어야 한다. 이를 위해 내가 생각한 것이 걸어서 출·퇴근하는 것이다. 집에서 직장까지 걸으면 2,000보 정도 되는데 이렇게 걸어서 출퇴근하면 4,000보를 더 걸을 수 있다. 나머지 3,000보는 점심시간 산책으로 채우면 목표로 한 10,000보를 달성할 수 있다.

명확한 목표와 이를 위한 계획까지 완성됐다. 이제 목표를 향해 계획대로 매일 실천해서 나가면 된다. 그러나 실행 과정에서 꾸준한 관리가 있어야 100일 동안 10,000보 걷기를 이어갈 수 있다. 매일 걸음 수를 측정하고 기록해 성공 여부를 확인하는 과정이 바로 관리다. 거창한 목표만 세우거나 그럴듯한 계획만 만들어 놓고 방치해 실패하는 경우가 얼마나 많은가? 이런 경우는 보통 관리 과정을 무시하는 경우가 많다. 매일의 걸음 수를 확인해 다음 날 아침 다이어리에 걸음 수를 기록했다. 걸음 수를 측정하기는 너무나 편하다. 항상 몸에 지니고 다니는 스마트폰이 알아서 세고 있으니까.

10,000보 걷기가 어려운 날도 많았다. 회식에서 술을 잔뜩 마시고 집에 가는 날에는 정말 택시를 타고 싶은 유혹이 컸지만 비틀거리면서도 집까지 악착같이 걸어갔고, 점심시간에 걷지 못한 날은 일과 시간에 어떻게든 짬을 내서 걸음 수를 채웠다. 특히 전화로 해결해도 될 일이지만 일부러 다른 부서까지 걸어가 협의하기도 했는데, 얼굴을 보며 협조를 구하면 더 쉽게 일이 진행되기도 했다. 그리고 걷기가 어려웠던 날은 손으로 핸드폰을 흔들어 채운 날도 있다. 반칙이라고 생각할 수도 있지만 100일 동안 정말 2~3번에 불과했다. 나의 양심을 걸고 이 정도는 용인해 줄 수 있다는 자체 심의에 따라 이날도 나는 '10,000보 걷기 성공'으로 표시했다.

초반의 하루하루는 힘들게 10,000보를 채워가며 계획을 보완해 나갔다. 머릿속 구상으로만 존재하는 계획을 실제로 걸어보며 보다 구체적이고 실천적인 계획으로 바꿔 나갈 수 있었다. '출퇴근할 때 이쪽 코스로 가면 더 걷기가 좋더라.', '점심시간에는 자주 못 걷는 날이 많으니 플랜 B를 마련해야 하겠구나.', '비가 오면 지하 주차장을 돌면 되겠구나.' 하는 것들을 새로운 계획으로 추가해 나갔고 이는 다음 날 실행에 좋은 피드백이 되었다.

이렇게 해서 나는 100일 연속 10,000보 걷기에 성공했다. 정확히 이야기하면 1일 평균 11,798보를 걸었다. 가장 많이 걸은 날은 16,692보였고, 가장 적은 날은 10,001보였다. 10,000보에서 딱 한 걸음을 더 걸은 이날이 술에 취해 손으로 핸드폰을 흔들던 그날이다.

100일 동안 10,000보 걷기로 나는 무엇을 얻었을까? 살이 3kg가량 빠졌다. 겉보기에는 큰 차이가 안 났지만, 체중계의 줄어든 숫자를 보며 나는 저것들이 모두 뱃살이라고 믿었다. 몸이 가벼워지자, 마음도 가벼워졌고 모든 일상이 활기차게 변했다. 나는 걸으며 긍정의 마음을 얻을 수 있었다. 음식물 쓰레기 버리기도 걸음 수를 500보 채울 기회가 되었고, 주말에 아이와 밖에 나가 놀아주는 것도 2,000보를 추가할 좋은 기회가 되었다. 귀찮고 하기 싫은 일이라도 10,000보 걷기라는 목표 달성에 한몫한다고 생각하니 할 만한 일이 되었다.

100일 연속 10,000보 걷기의 성공으로 내가 얻은 또 하나의 소중한 성과는 성취감과 자신감이다. 나도 할 수 있다는 생각, 내가 해냈다는 뿌듯함이 다른 일에 도전하고 헤쳐 나가는 데도 좋은 영향을 주었다.

별거 아닌 일로 뭐 이렇게 야단이냐고 하는 사람이 있을 수도 있겠지만 내가 스스로 목표를 세우고 이를 위한 계획을 만들어 100일 동안이나 연속 성공을 거두었다는 것은 나에게는 정말 대단한 일이었다. 목표와 계획 만들기, 관리하기, 실행하기의 과정을 직접 설계해 진행하며 많은 것을 배울 수 있었다. 이를 통해 더 큰 도전의 발판을 마련할 수 있었고, 나와 가족의 삶을 바꿀 '천 권 가족 프로젝트'를 도전하는 데에도 큰 도움을 주었다.

분명한 목표가 먼저다

'우리 가족은 1년에 1,000권 읽는다!' 이것이 '천 권 가족 프로젝트'의 목표다. 성공을 위해서는 명확한 목표가 있어야 한다. 확실한 목표를 향해 힘을 집중해야 뭔가를 이뤄낼 수 있다. 100일 연속 10,000보 걷기도, 1년에 1,000권 읽기도, 우리의 삶도 마찬가지다. 그래서 우리가 어떤 일에 도전해서 성공하기 위해 가장 먼저 해야 할 일은 목표를 세우는 것이다. 동기부여 전문가 지그 지글러는 말했다.

목표 없이 배회하다가 어느 날 갑자기 에베레스트 정상에 서는 사람은 없다.

좋은 목표에 좋은 성과가 따른다. 그렇다면 좋은 목표는 어떤 목표일까? 먼저 숫자로 된 목표여야 한다. 피터 드러커는 목표 설정과 관련해서 측정할 수 없으면 관리할 수 없다고 말했다. 잭 캔필드는 그의 책 『집중력의 힘』에서 숫자가 없는 목표는 구호일 뿐이라고 단언했다. 숫자로 명확하게 목표가 정해져 있을 때 내가 지금 얼마만큼 왔는지, 얼마나 더 가야 하는지 알 수 있다. 이처럼 측정할 수 있는 계량화된 목표는 확실한 목적성을 부여할 뿐만 아니라 프로젝트를 진행할 때 척도가 되어 지속해서 추진할 힘을 준다.

좋은 목표는 기한이 정해져 있어야 한다. 막연히 20억 원을 벌겠다는 목표를 세웠다고 가정해 보자. '언제까지'라는 데드라인이 없는 목표는 '언젠가는 되겠지.'라고 생각하는 마음 한쪽의 막연한 바람에 불과하다. 그것을 몇 년 몇 월 며칠까지 이룰 것인지가 중요하다. 우리는 학창 시절 경험을 통해 데드라인이 얼마나 중요한지 알고 있다. 내일까지 숙제해 오라는 선생님의 말씀에 우리는 억지로라도 그날 밤 노트를 펴고 연필을 손에 쥘 수 있었다. 다음 주 월요일부터 시험이라는 공지에 우리는 벼락치기 공부를 할 수 있었다. 만약 그런 기한이 없었다면 우리가 숙제하고 시험공부를 할 수 있었을까? 아마도 대부분 쉽지 않았을 것이다.

한편 목표는 성취할 수 있지만, 도전적이어야 한다. 전혀 운동하지 않던 사람이 새해를 맞아 하루에 3시간씩 운동하기로 목표를 삼았다면 이 목표를 이룰 수 있을까? 반대로 숨쉬기 운동을 열심히 해보겠다고 목표로 삼았다면 이것은 당연히 누구나 성취할 수 있지만 과연 제대로 된 목표라고 말할 수 있을까? 성취 가능성과 도전 정신 사이의 적당한 지점에서 목표를 찾는 노력이 필요하다.

평소 내가 할 수 있는 것보다 한 발 더 나갈 수 있는 지점에 목표를 세워야 한다. 그러기 위해서는 내가 얼마만큼 할 수 있는지를 알아야 하므로 목표를 세우기 전에 일주일이라도, 하루라도 내가 그것을 얼마만큼 해낼 수 있는지 연습이 필요하다. 결국, 나를 알아야 좋은 목표를 만들수 있다.

군사학에서 쓰던 '란체스터 제곱의 법칙'은 전투에서 승리하기 위해서는 수적 우위가 절대적인 조건이라고 강조하는데, 수적 차이가 있는 양측의 전력 차이는 원래 전력 차이의 제곱이 된다는 내용이다. 예를 들어 전차전에서 A국 10대와 B국 7대가 서로 맞붙으면, A국의 생존 전차는 3대가 아니라 그의 제곱인 6대가 된다는 것이다.

독일 철학자 헤겔이 말한 '양질전환의 법칙'이란 개념은 일정한 양이 누적되면 어느 순간 질적인 비약이 이루어진다는 것이다.

'란체스터 제곱의 법칙'과 '양질전환의 법칙'에서 알 수 있는 것은 많이 해야 잘한다는 것이다. 독서도 마찬가지다. 책을 잘 읽기 위해서는 많이 읽어서 습관이 되어야 한다. 그래서 조금은 도전적으로 많이 읽는 것을 독서 목표로 설정해야 함을 강조하고 싶다.

마지막으로 좋은 목표는 큰 목표와 부분 목표가 있어야 한다. 1년에 1,000권을 읽겠다는 큰 목표가 있으면 가족은 각각 몇 권씩 읽어야 하는지 나뉘어야 하고, 한 달에는 몇 권을 읽어야 하고 하루에는 얼마나 읽어야 하는지 작은 목표가 있어야 한다. 큰 목표만 보고 가기에는 길이 너무 멀기 때문에 지금 당장 내가 오늘 할 일이 무엇인지 명확히 알 수 있는 작은 목표들이 함께 필요하다.

'우리 가족은 1년에 1,000권 읽는다.'라는 '천 권 가족 프로젝트'의 목표는 숫자로 제시했고, 기한이 정해져 있다. 평소 우리 가족의 독서량에 비해서는 꽤 높이 잡은 목표지만 그래도 열심히 노력하면 이룰 수 있다고 생각했다. 1,000권을 나눠 내가 230권, 아내가 70권, 아이가 700권을 읽기로 각자의 목표를 잡았다.

온 가족이 함께하는 '천 권 가족 프로젝트'이므로 목표를 만드는 과정에도 모든 가족이 참여하는 것이 중요하다. 혼자 목표를 세워서 나를 따르라는 식의 방법으로는 구성원의 참여를 끌어내기가 어렵기 때문이다.

목표를 세웠다면 크게 적어 누구나 볼 수 있는 곳에 붙여놔야 한다. 머릿속에만 존재하는 목표가 아니라 종이에 글로 써서 붙인 눈에 보이는 목표가 있어야 한다. 매일 그 목표를 바라보고 그 목표를 달성하기 위한 의지를 다질 수 있어야 한다. 목표를 이루기 위해 오늘 내가 해야 할 일은 무엇인지 생각할 수 있어야 한다.

목표를 공개적으로 선언하면 그것을 실현하는 데 도움이 된다는 공개 선언 효과(Public Commitment Effect)라는 것이 있다. 공개 선언이 목표 달성에 도움이 되는 이유는 사람이 자기 말과 행동이 일치하지 않을 때 오는 인지 부조화 상태를 스트레스로 받아들이기 때문에 언행을 일치시키려는 경향이 있기 때문이다. 또한, 사람은 기본적으로 다른 사람에게 긍정적인 평가를 받기 원하는데 자기가 말한 것을 지키지 못했을 때 비난받는 것을 꺼리기 때문이기도 하다.

우리는 기회가 있을 때마다 우리의 목표를 홍보(?)했다. 다른 가족과 모임에서, 지인과 만남에서 우리가 지금 1년에 1,000권의 책을 읽는 프로젝트에 도전 중이라고 공개 선언을 했다. 응원해 주시는 분이 많았지만, 관심이 없거나 왜 그런 일을 하는지 이해하지 못하는 분도 있었다. 그러나 목표 공개는 확실히 목표를 달성하는 데 도움이 됐다. 이렇게 떠벌이고도 성공하지 못하면 망신이라는 걱정과 목표를 달성하는 모습을 보여주고 싶다는 욕심이 실행력을 끌어 올렸다.

어떤 이는 몇 권을 읽겠다는 목표보다는 좋은 책을 한 권이라도 제대로 읽는 것이 중요하다고 말한다. 나도 그렇게 생각한다. 그러나 그 한 권의 책을 제대로 읽기 위해서는 먼저 독서 습관을 만들어야 하고 이를 위해 처음에는 수치화된 목표가 필요하다. 또한, 그 좋은 책을 고르기 위해서라도 우선은 많은 책을 읽어야 한다.

처음에는 우리 가족이 목표를 만들었지만, 그다음에는 목표가 우리 가족을 '천 권 가족'으로 이끌었다. 이처럼 좋은 목표를 세우면 그 목표가 성공으로 가는 길을 스스로 안내한다.

계획적인 계획 짜기

계획은 목표를 달성하기 위한 전략이다. 목표가 '무엇'에 해당한다면 계획은 '어떻게'라고 말할 수 있다. 어떻게 그 무엇을 달성할 것인가? 이 문제에 대한 고민이 없다면 목표는 의미 없는 외침이 될 수밖에 없다. 맛있는 요리를 만드는 것이 목표라면 어떤 재료를 이용해 어떤 방법으로 조리할 것인지 구상하는 것이 바로 계획이다.

우리에게 계획의 대명사는 초등학교 방학 생활 계획표다. 방학을 앞두고 알록달록한 계획표를 그리며 완벽한 방학 생활에 대한 불같은 의지를 활활 태운다. 계획적인 학생은 방학이라도 절대 게으를 수 없으므로 아침 7시에 기상한다. 서둘러 세수와 아침밥을 먹고 집중이 잘되는 오전 시간을 활용해 8시부터 12시까지 공부를 한다. 점심시간 한 시간 이후에는 건강을 위해 운동시간도 넣는다. 마음의 양식을 쌓기 위한 독서 시간도 빼놓을 수 없다. 저녁을 먹고 다시 공부에 매진하고, 밤에는 일기를 쓰며 완벽한 하루를 마무리하는 환상적인 계획표를 완성한다.

그러나 방학 생활 계획표의 결말이 어떤지 우리는 모두 경험으로 알고 있다. 10시쯤 눈을 뜨면 온종일 밖에 나가 친구들과 놀다가 저녁에 들어와 밥 먹고, 늦게까지 TV를 보며 잠드는 것이 우리의 방학이 아니었던가. 개학을 앞두고 밀린 일기를 몰아 쓰던 기억, 혼 나가며 방학 숙제를 벼락치기하던 추억을 대부분 가지고 있다. 왜 이렇게 멋진 계획을 세웠으면서도 이런 처참한 결과를 맞게 되었을까? 처음부터 실현 불가능한 계획을 세웠기 때문이다. 목표 달성을 위해서는 내가 하고자 하는 것을 어떻게 달성할 것인지에 대해 내 능력과 환경을 고려한 구체적인 계획이 있어야 한다.

'천 권 가족'을 목표로 정하고 각자에게 개인의 목표가 배당되었다. 내가 배당받은 230권을 1년 동안 읽기 위해서는 한 달에 20권, 3일에 2권을 읽어야 한다. 보통 한 권의 책이 300쪽이니까 하루에 200쪽을 읽어야 한다. 하루 200쪽을 읽기 위해 나의 하루를 어떻게 꾸려갈 것인지가 계획 세우기라고 할 수 있다. 결국, 하루라는 시간을 어떻게 관리해 200쪽을 읽을 수 있는 시간을 확보할 것인가 하는 시간 관리의 문제이기도 하다.

책의 종류에 따라 차이가 있지만, 나의 책 읽는 속도는 보통 시간당 60~70쪽이다. 물론 독서를 계속하면서 속도가 높아지기도 하지만 속독보다는 내용을 충분히 이해하며 읽어 가는 것을 중요하게 여기므로 보통은 이 속도가 유지된다. 이 속도로 200쪽을 읽으려면 3시간이 필요하다. 그렇다면 계획 세우기는 일과 중 3시간을 어떻게 확보할 것인가 하는 문제로 귀결된다.

3시간을 확보하기 위한 나의 하루 계획은 이렇다. 아침 5시 기상 후 1시간, 출퇴근 1시간, 퇴근 후 1시간(가족 독서 시간 30분 포함)이다. 잠에서 깨 5시부터 6시까지의 한 시간은 가장 조용하게 독서에 집중할 수 있는 시간이다. 이 시간의 독서 효율이 가장 높다. 다음으로는 출퇴근 시간 1시간인데 나 같은 경우는 주로 걸어서 회사에 오가기 때문에 이때는 오디오북을 듣는다. 그리고 퇴근하면 가족 독서 시간 30분을 포함해서 한 시간을 책 읽는 데 할애한다. 특히 가족 독서 시간은 가족과 함께하는 시간으로 다른 시간보다 즐겁게 독서를 즐길 수 있다.

플랜 B도 필요하다. 나의 계획대로 시간을 확보하지 못하는 경우 어떻게 할지에 대한 차선책 말이다. 이 플랜 B가 중요한 이유는 하루 계획이 틀어지면 다음 날도 무너질 가능성이 크기 때문이다. 성공의 도미노 효과가 있지만, 실패의 도미노 효과도 걱정해야 한다. '어제도 안 했는데 오늘도 그냥 넘어가지 뭐.' 하는 순간 어렵게 쌓아 올린 책 읽기 습관이 쉽게 위협받는다.

꾸준히 책을 읽다가도 안 읽는 날이 이틀, 삼 일로 이어지면 책을 읽지 않는 것이 다시 습관이 된다. 플랜 B는 이런 사태를 미리 방지하여 실패의 도미노를 막는 차단막이 된다. 10,000보 걷기를 할 때 비가 오면 지하 주차장을 돌았던 것처럼 말이다. 실제로 큰 규모의 도미노를 쌓을 때 한 번의 실수로 전체 도미노가 넘어가는 불상사를 막기 위해 중간중간 차단막을 세워 놓는다.

우리 가족의 플랜 B는 '주말'이다. 주말에도 각자의 독서 시간을 지키지만, 나머지 시간은 비워둔다. 이 시간은 마음대로 사용할 수 있는 자유시간이다. 평일에 다른 사정으로 책을 읽지 못했을 경우 주말 시간을 이용해 부족한 독서량을 채운다. 비워둔 주말 시간은 마음의 여유를 준다. 하루 책 읽기 목표를 달성하지 못했다고 해도 조급해하지 않을 수 있다. 주말 자유시간에 책 읽기를 보충할 수 있기 때문이다.

내가 원하는 목적지에 찾아가려면 제대로 된 지도가 필요하다. 계획은 지도를 그리는 일이다. 매일 내가 무엇을 얼마만큼 해야 할지를 결정하고, 그것을 어떤 시간에 할 것인지 생각해야 한다. 그 시간을 못 냈을 경우의 대안은 무엇이고, 여유시간이 확보되어 있는지도 검토하라.

프로젝트를 성공으로 이끄는 법

'천 권 가족 프로젝트'를 잘 이끄는 것은 '관리하기'의 영역이다. '관리하기'는 목표를 향해 계획에 따라 잘 나아갈 수 있도록 확인하고 점검하며 촉진하는 일이다. 프로젝트의 목표와 계획이 잘 세워졌더라도 관리가 제대로 안 되면 목표를 달성하기가 어렵다. 거창하게 말하면 '천 권 가족 프로젝트 매니지먼트'라고 하겠다.

나는 '관리하기'를 세 가지로 나눠서 생각한다.

'기록하기', '특별하기', '쉬어가기'

'기록하기'는 프로젝트 관리의 핵심이다. 기록해야 계획대로 잘 진행되고 있는지, 목표까지 얼마나 남았는지 알 수 있다. 사람의 기억은 한계가 있으나 글로 적으면 기록이 남는다.

우선 책을 읽으면 읽은 책 목록을 기록으로 남긴다. 지금까지 어떤 책을 읽어왔는지 알 수 있고 하나씩 늘어날 때마다 성취감에 뿌듯하다. 오늘 하루 독서에 얼마나 많은 시간을 쏟았는지와 어떤 책을 얼마만큼 읽었는지도 기록한다. 이외에도 책을 읽으며 기억해야 하거나 감동을 주는 내용을 적기도 하고 책을 다 읽은 후의 느낌이나 실천 사항도 기록한다.

이처럼 '기록하기'는 프로젝트를 관리해 나가는 데 있어 목표 대비 현재 나의 수준이 어디인가 하는 지표가 되기에 매우 중요하다. 매일 밤 기록하기를 통해 계획에 맞춰 이만큼 읽었다는 자신감이 생기고, 오늘도 목표를 채움으로써 작은 성공을 경험할 수 있다. 이런 성공 경험이 프로젝트를 이끌어가는 추진력이 된다. 혹시 그날의 목표를 달성하지 못했다고 해도 '기록하기'는 반드시 필요하다. 그런 날은 정말 쓰기 싫지만 있는 그대로 기록하며 반성하고 다음 날 더 열심히 할 수 있는 계기로 삼는다.

'관리하기'의 두 번째는 '특별하기'다. '천 권 가족 프로젝트'는 1년 동안의 장기 프로젝트다. 매일 똑같은 환경에서 책만 읽기에는 지루할 수 있다. 지루함은 프로젝트의 원활한 진행을 막는 걸림돌이 된다. 이를 해결하는 방법으로 '특별하기'는 프로젝트를 진행하는 중간중간에 특별한 시간이나 이벤트를 마련하는 것이다.

우리는 매월 독서왕을 뽑았다. 그달에 가장 많은 책을 읽은 사람은 독서왕이 되어 특별 혜택을 누렸다. 주말에는 도서관이나 서점에 가서 책을 읽었고, 도서관에서 진행하는 다양한 프로그램에 참여하기도 했다. 매월 이달의 책을 정해서 같은 책을 함께 읽었다. 독서를 테마로 잡아 여행을 떠나기도 했다. 이런 '특별하기' 전략들은 뒤에서 자세히 서술하겠지만 프로젝트를 진행하는 과정에서 즐거운 활력소가 되었다.

'관리하기'의 마지막은 '쉬어가기'다. 쉬는 것이 무슨 관리하기냐고 반문할 수 있지만, 휴식은 중요한 관리 전략이다. 서울에서 부산까지 한 번도 쉬지 않고 달려갈 수는 없다. 차에도 무리가 가지만 몇 시간 동안 쉬지 않고 운전하면 집중력이 떨어져 사고의 위험이 커진다. 휴게소에 들러 화장실도 가고 간식도 사 먹어야 한다. 잠깐 쉬고 운전대를 잡으면 다시 집중해서 운전할 수 있다.

책 읽기 자체가 좋은 휴식이지만 가끔은 하루를 정해 프로젝트에서 완전히 벗어나 보자. 잠시 쉬고 다시 만나는 책이 더 반가워진다. 그런데 막상 책 없는 하루를 보내보면 저녁때쯤 다시 책을 찾고 있는 자기 모습에 놀랄지도 모른다. 벌써 책에 길든 것이다.

목표를 향해 열심히 노력해야 하는 것은 맞지만 이 또한 가족과의 행복한 삶을 위한 것일 뿐이다. 너무 무리할 필요 없다. '쉬어가기'를 통해 다음 날 더 집중해서 책을 읽을 힘을 낼 수 있다.

'천 권 가족 프로젝트'를 진행하며 '기록하기', '특별하기', '쉬어가기' 등 우리 가족만의 프로젝트 관리 전략이 큰 도움이 되었다. 마라톤 선수가 구간별로 자신만의 전략을 갖고 42.195km를 달려 마침내 결승선을 통과하듯 독서 가족이 되기 위해서도 우리 가족만의 전략이 필요하다.

결국, 실행이 답이다

이제 남은 것은 매일 책 읽기를 실행하는 것이다. 실행은 곧 몸을 움직이는 것이다. 몸이 움직이려면 결국 생각이 바뀌어야 한다. 그래서 실행 마인드가 마음속에 굳건히 자리를 잡아야 한다. 나는 책을 읽으며 실행 마인드를 하나씩 찾아내 내 것으로 만들었고 독서와 실천의 선순환을 이어갈 수 있었다. 여기서는 내가 책을 읽으며 찾아내고 우리 가족에게 장착시킨 실행 마인드 세 가지를 소개한다.

첫째, 실행력을 높이기 위해서는 중요한 것에 에너지를 집중해야 한다. 다음은 게리 켈러와 제이 파파산이 쓴 책 『원 씽(The One Thing)』에서 가져온 글이다.

우리 삶에서 '단 하나'를 실행에 옮기고 탁월한 성과를 올리는 데 필요한 간단한 공식이 있다. 공식에 필요한 세 가지 요소는 바로 목적의식(purpose), 우선순위(priority), 그리고 생산성(productivity)이다.

이 책은 나에게 가장 중요한 단 하나, '원 씽'을 찾아 에너지를 집중해 실천해 나갈 것을 주문한다. 그 과정에서 분명한 목적의식을 갖고 그에 부합하는 우선순위에 따라 행동으로 옮길 때 삶의 생산성이 높아진다. '천 권 가족 프로젝트'는 1년에 1,000권을 읽는다는 분명한 목표를 가지고 독서를 일상의 최우선으로 삼는다. 1년간 우리의 '원 씽'은 단연코 독서였고, 여기에 우리 가족의 에너지를 집중했다.

둘째, 지금의 실행이 미래의 성장으로 이어진다는 연결성에 대한 믿음이다. 바쁜 일상에서 책을 읽는다는 것은 결코 쉬운 일이 아니다. 큰마음을 먹고 책을 펼쳐도 이 나이에 이제 와서 책을 읽어봐야 무슨 소용이 있을까 하며 금방 책을 덮기 쉽다. 그러나 지금 읽는 책이 미래의 성장을 이끌고 우리 가족의 변화를 불러오는 점들이 되어줄 것이라는 강한 확신이 있다면 행동에 나서는 데 조금 더 힘을 낼 수 있다. 이런 생각은 어느 책에서 접한 스티브 잡스의 스탠퍼드 대학교 졸업식 연설문에서 얻었다.

앞날을 내다보며 점을 이을 수는 없습니다. 오직 과거를 돌이켜봄으로써 현재를 연결 지을 수 있을 뿐입니다. 그러니 지금은 현재 직면한 각각의 점이 미래에 어떻게든 연결될 거라 믿고 몰두해야 합니다. 저는 이런 생각을 버린 적이 없습니다. 그리고 이러한 믿음이 제 인생을 바꿔놓았습니다.

우리가 오늘 읽는 책들은 모두 하나하나가 인생의 점으로 찍힐 것이다. 다만 이 책이 미래에 어떤 도움이 될지 현재의 우리로서는 알 수 없다. 그러나 오늘의 독서가 내 인생의 긍정적인 미래를 향해 어떻게든 연결될 것이라는 확신, 삶은 우연이 아니라 우리가 찍어놓은 점들이 연결되어 만들어지는 필연이라는 믿음으로 오늘도 책을 펼칠 수 있다.

마지막으로 강조하는 실행 마인드는 게으름 벗어던지기다. 『굿바이 게으름』의 저자인 정신과 의사 문요한은 게으름에서 벗어나는 사람과 벗어나지 못하는 사람의 결정적 차이는 잘못에 대한 반응과 이에 따른 재시도의 유무라고 말한다. 책을 읽기로 굳게 결심하고 첫 일주일 동안 목표대로 열심히 해왔는데 둘째 주에 접어들며 여러 가지 핑계로 며칠간 책을 읽지 못하는 '잘못'을 저질렀다고 해보자. 이때 이러한 상황을 어떻게 받아들이는가가 중요하다는 이야기다.

게으름에서 벗어나지 못하는 사람은 '그러면 그렇지. 내가 무슨 책이야.', '이럴 줄 알았어. 일주일도 오래 버틴 거지 뭐!'라며 잘못을 바로 실패로 규정하고 빠르게 포기하고 만다. 그러나 게으름에서 벗어나는 사람은 이러한 잘못을 '만회할 수 있는 실수'로 인식하여 이를 보완해 재시도에 나서게 된다. '실수로 며칠 동안 책을 못 읽었지만, 오늘부터 다시 읽으면 돼!'라고 생각하며 독서를 다시 시작한다. 잘못을 재기불능의 실패로 단정 지을지, 만회할 수 있는 실수로 받아들일지는 내가 선택할 수 있다. 게으름과 부지런함 역시 선택이 가능한 영역이다.

우리는 부지런한 독서가가 되자. 꾸준한 독서 생활을 목표로 지향하더라도 책을 읽지 못할 걸림돌은 우리 생활 곳곳에 너무나 많다. 우리는 그 걸림돌에 너무 쉽게 걸려 넘어질 것이다. 이렇게 넘어졌을 때 툭툭 털고 일어나 다시 책을 펴야 한다. 부지런한 독서가가 되기 위한 유일한 방법은 '그럼에도 불구하고' 다시 책을 펴는 방법뿐이기 때문이다.

우리 가족은 '원 씽'을 독서로 정해 에너지를 집중했고, 지금의 독서가 미래의 성장과 행복으로 이어진다는 연결성에 대한 확신 아래 게으름을 벗어던지고 부지런한 독서가가 되기 위해 노력했다. 이런 실행 마인드를 바탕으로 행동에 행동을 이어갔고 가족 독서 습관을 뿌리내릴 수 있었다.

책과 담쌓았던 우리 가족은 어떻게 1년 만에 1,000권을 읽었을까

제3장

우리 가족은 이렇게
1년 만에 1,000권을 읽었다

당신은 결코 독서보다 더 좋은 방법을 찾을 수 없을 것이다.

워런 버핏(1930~, 미국 기업인)

책 읽는 시간을 차곡차곡 쌓아라

흔히 시간이 흐른다고 말한다. 시간을 물처럼 흐름의 개념(flow)으로 이해하는 것이다. 이런 관점에서 사람은 수동적으로 시간이 흘러가는 것을 그저 바라볼 수밖에 없는 존재가 된다. 시간이라는 물결을 따라 단지 떠내려갈 뿐이다.

나는 이렇게 소극적인 시간관에 동의하지 않는다. 오히려 시간은 쌓아가는 것(stock)으로 생각한다. 차곡차곡 벽돌을 쌓아 올리듯 시간도 그렇게 쌓아가는 것이라는 믿음이다. 이렇게 생각하면 시간은 액체가 아니라 고체가 된다. 손가락 사이로 줄줄 빠져나가는 물이 아니라 손에 꽉 움켜쥐고 무언가를 만들어 나갈 수 있는 재료가 된다.

그리스어로 '때'를 나타내는 말이 두 가지가 있는데 크로노스와 카이로스다. 이 둘은 모두 그리스 신화에 나오는 신들의 이름이다.

대지의 여신 가이아와 하늘의 신 우라노스 사이에서 막내로 태어난 크로노스는 아버지 우라노스를 거세하고 최고의 신이 된다. 그리고 누이 레아를 아내로 맞아 6명의 자식을 낳게 되는데 자식 중 한 명에게 자리를 빼앗기게 될 것이라는 저주를 피하려고 자식이 태어나는 족족 먹어버렸다. 크로노스의 아내 레아는 여섯째인 막내아들을 지키기 위해 돌을 아기라고 속여 크로노스가 그것을 삼키게 했다. 이로써 목숨을 지키게 된 막내아들은 나중에 장성하여 아버지 크로노스와의 전쟁에서 승리하고 신의 세계에서 새로운 지배자가 된다. 그가 바로 제우스다.

크로노스는 물리적인 시간, 자연적인 시간을 의미한다. 하루 24시간이 재깍재깍 흐르고 아침에 해가 떠서 저녁이면 해가 지는 그런 시간을 말한다. 아버지를 몰아내고 왕좌를 차지했으며, 그 자리를 지키기 위해 자식까지 먹어 치운 신화 속 크로노스에서 모든 것을 삼켜 버리며 무자비하게 사라지는 시간을 떠올린다.

카이로스는 기회의 신으로 불린다. 조각이나 그림으로 표현된 그의 모습을 보면 다소 우스꽝스러운데 앞머리는 길지만, 뒤쪽 머리는 없고, 발에는 날개가 있다. 앞머리가 긴 것은 사람들이 기회를 보았을 때 쉽게 붙잡도록 하고, 뒷머리가 없는 것은 한 번 지나간 기회는 다시 잡기 어렵게 하기 위함이다. 발의 날개는 놓쳐버린 기회가 최대한 빨리 사라지기 위해서라고 한다.

카이로스는 주관적인 시간, 특별한 시간을 말한다. 일반적인 시간이 아니라 나에게 남다른 의미로 다가오는 기회와 같은 시간을 의미한다.

앞서 말한 '흐르는 시간'과 '쌓아가는 시간'이 크로노스와 카이로스의 시간과 비슷한 의미가 있다. 우리가 하루라는 시간을 보내며 크로노스의 시간은 얼마이고, 카이로스의 시간은 얼마인가 생각해 봐야 한다. 24시간 중 얼마나 흘려보내고 얼마나 쌓아가고 있는지 말이다.

정성스레 시간을 쌓아 카이로스의 기회를 잡기 위해서는 어떻게 해야 할까? 주어진 시간을 가치 있게 사용해야 한다. 내가 생각하기에 가장 가치 있게 시간을 쓰는 방법은 바로 책을 읽는 것이다. 특히 가족과 함께 책을 읽는 것이다. 앞에서 왜 책을 읽어야 하는지 충분히 설명했으므로 우리가 시간을 쌓기 위해 해야 할 가장 우선되는 일은 이제 독서다.

독서가 가장 우선이라는 말은 당장 해야 할 일이 여러 가지가 있을 때 책 읽기를 먼저 하는 것이다. 아이젠하워는 활동의 중요성과 긴급성을 기준으로 시간 매트릭스를 다음과 같이 그렸다. I 사분면은 긴급하며 중요한 일로써 오늘까지 마감인 보고서 작성이 여기에 해당한다. II 사분면은 긴급하지 않지만 중요한 일이며 자기 계발을 위한 영어 공부가 포함된다. Ⅲ사분면은 긴급하지만 중요하지 않은 일인데 청소나 빨래가 있다. Ⅳ사분면은 긴급하지 않고 중요하지도 않은 일로 게임, TV, 스마트폰 보기 등이 있다.

< 아이젠하워의 시간 매트릭스 >

	긴급합	긴급하지 않음
중요함	Ⅰ	Ⅱ
중요하지 않음	Ⅲ	Ⅳ

독서는 어디에 해당할까? Ⅱ사분면에 해당한다. 긴급하지 않지만 중요한 일이다. 대부분 사람은 긴급하지만 중요하지 않은 일(Ⅲ사분면)이나 긴급하지도 않고 중요하지도 않은 일(Ⅳ사분면)에 먼저 손을 대고, 가장 많은 시간을 소비한다.

그러나 진정한 시간 관리는 긴급하지는 않지만 중요한 일인 Ⅱ사분면을 점점 확대해 나가는 것이다. 미래의 우리를 위한 시간이 바로 Ⅱ사분면에 해당하기 때문이다. 가족 독서를 통해 Ⅱ사분면을 점점 확대해 나가자. 책 읽는 시간을 차곡차곡 쌓아가자.

① 하루 30분, 가족과 함께 책을 읽어라

30분은 하루의 1/48, 2.1% 남짓 되는 시간이다. 30분이면 급하게 밥 한 끼를 해결하거나 짧은 유튜브 동영상을 몇 개 볼 수 있는 시간이다. 여유롭게 샤워할 수도 있고 수다를 떨기에도 적당한 시간이다. 보통 1시간 단위의 시간관념에 익숙해서인지 모르겠지만 뭘 해도 30분은 거뜬히 해낼 수 있을 것 같다는 생각이 든다. 그래서 30분은 조금은 만만해 보이는 시간이다.

김범준 작가는 그의 책 『하루 30분의 힘』에서 에필로그 제목을 '30분도 다룰 수 없다면 원하는 삶을 살 수 없다.'고 붙이며 아주 작은 시간이라도 '자신을 위한 시간'으로 사용할 수 있어야 자신이 원하는 대로 삶을 이끌 수 있다고 이야기한다.

'천 권 가족'은 '우리를 위한 시간' 30분을 매일 밤 9시부터 9시 30분까지로 정했다. 매일 30분씩 같은 시간에 함께 책을 읽는다. 밤 9시는 일과를 마치고 가족이 모두 모일 수 있는 시간이고, 30분은 지겹지 않게 집중해서 책을 읽을 수 있는 시간이다.

우리 가족에게 이 시간은 원래 TV를 보는 시간이었다. TV를 틀어놓고 스마트폰을 만지고, 가끔은 맥주 한잔을 즐기기도 한다. 오늘 하루도 고생한 우리 자신을 위한 휴식 시간이라고 스스로 위안을 보내며 시간을 흘려보냈다. 그러나 하루 30분을 가족 독서 시간으로 만들면서 이 시간이 책을 읽는 시간으로 변해갔다. 흐르는 시간을 쌓는 시간으로 바꿔 나간 것이다.

가족 독서 시간이 밤 9시부터 9시 30분까지로 정해지면서 가족 각자의 루틴도 이에 맞춰서 조정되었다. 나는 회사 일로 바쁘거나 모임이 있더라도 될 수 있으면 8시 30분까지는 퇴근하려 노력했다. 그때까지 집에 도착하기 위해 발걸음이 바빠진다. 빨래, 청소 등 집안일도 이 시간 전에 마무리하려고 노력했고, 끝내지 못한 일은 가족 독서 시간 이후에 했다. 아이도 숙제, 샤워 등 제 할 일을 모두 끝내놓고 가족 독서 시간을 맞이한다.

처음에는 30분을 앉아서 책을 읽는 것이 어색하기도 하고 힘들기도 했다. 그러나 고작 30분인데 이 짧은 시간도 못 버티겠나 하는 오기가 있었고, 함께하는 가족이 서로의 감시자가 되어 책을 읽게 했다. 이렇게 가족 독서 시간을 한 주, 두 주 지켜나가게 되고 한 달쯤 되자 하루 30분 독서가 우리 가족의 새로운 습관으로 뿌리내리게 되었다.

사실 매일 30분씩만 읽어도 1주일이면 3시간 30분이나 되는데, 책 한 권을 읽기에 충분한 시간이다. 또한, 30분은 부담 없이 즐기며 독서하기에도 적당하다. 그래서 나는 독서 초보자가 하루에 얼마나 책을 읽어야 하냐고 질문할 때면 항상 30분이 좋겠다고 대답한다.

이제 우리는 밤 9시가 되면 자기가 좋아하는 책을 들고 한자리에 모인다. 우리는 주말부부이기 때문의 주말에는 이렇게 같은 장소에 모여 읽을 수 있지만, 주중에는 각자가 있는 공간에서 책을 읽는다. 장소는 다르지만 같은 시간 함께 책을 읽는다는 사실에는 변함이 없다.

매일 30분 동안 책을 함께 읽는 것은 우리 '천 권 가족'의 가장 중요한 독서 규칙이 되었고 제일 소중한 습관이 되었다. 가족 독서 시간은 '천 권 가족'의 핵심이다. 매일 같은 시간을 정해 가족과 함께 책을 읽자. 시끄러운 TV 소리가 가득했던 집안을 책 읽는 가족의 고요함으로 채워보자.

우리 가족이 '천 권 가족'이 되는 데 가장 핵심적인 성공 요인을 뽑으라면 바로 '가족 독서 시간'을 뽑겠다. 이를 통해 가족이 함께 책을 읽는 소중한 습관을 기를 수 있었다. 책 읽는 가족이 되기를 바란다면 하루 30분을 따로 떼어 가족과 함께 책을 펴자. 하루 중 가장 소중하고 행복한 시간이 될 것이다.

② 틈날 때마다 틈틈 독서

틈틈이[부사]
틈이 난 곳마다
겨를이 있을 때마다

'틈틈이'라는 단어는 두 가지 뜻이 있다. 첫 번째는 공간적 의미로 '틈이 난 곳마다'의 뜻이고, 두 번째는 시간적 의미로 '겨를이 있을 때마다'라는 뜻을 의미다. 한 단어에 시·공간을 모두 담고 있다.

항아리에 먼저 큰 돌을 담는다. 그리고 다음으로 작은 모래알을 넣으면 큰 돌들 사이사이로 모래알이 채워지는 그림을 머릿속으로 그려보자. 이것은 공간적 의미의 '틈틈이'이다. 그러면 이제 이 장면을 시간으로 바꿔 생각해 보자. 일과에서 큰 비중을 차지하는 큰 돌, 즉 회사, 취침, 식사 등을 먼저 배치하면, 그 사이사이로 '틈틈이' 시간이 생겨난다.

스토아학파의 철학자 세네카는 '인간은 항상 시간이 모자란다고 불평하면서 마치 시간이 무한정 있는 것처럼 행동한다.'라는 말을 남겼다. 세네카의 지적대로 시간을 낭비하는 사람들 대부분이 틈틈이 시간을 가볍게 여긴다. '고작 10분 동안 뭘 하겠어?', '15분이면 딱 낮잠 타임이네!'라고 생각하며 소중한 시간을 의미 없이 낭비하기 일쑤다. 이 시간 동안 의미 있는 무언가를 할 수 있다는 생각을 좀처럼 하지 못한다.

우리 가족은 책 읽기를 하며 버려졌던 틈틈이 시간을 재발견하고 재활용했다. 물론 앞서 이야기한 가족 독서 시간, 매일 30분이 우리 가족이 책을 읽는 핵심 시간이기는 하지만 이 시간만 가지고서는 부족할 수밖에 없었다.

가만히 우리가 사는 하루를 살펴보면 의외로 틈틈이 시간을 많이 찾을 수 있다. 기상 후 출근 전까지의 집에서 보내는 시간, 출퇴근하는 시간, 점심 먹고 남은 시간, 침대에 누워 잠자기 전까지 뒤척이는 시간 등이다. 이런 시간을 모두 합해보면 하루 2~3시간도 넘는다.

기다리는 시간도 틈틈이 시간이다. 가족과 함께하는 외출에서 나 먼저 준비를 마치고 다른 가족이 마무리하기를 기다리는 시간(보통 내 준비가 제일 먼저 끝남), 맛집이나 병원에서 순서를 기다리는 시간, 약속 시간에 미리 도착해 상대방을 기다리는 시간 등이다.

틈틈이 시간을 차곡차곡 모으면 며칠 안에 한 권의 책도 충분히 읽어

낼 수 있는 시간이 생긴다. 틈틈이 시간을 잘 활용한다면 낭비했던 시간을 소중한 시간으로 다시 만들어 낼 수 있음은 물론 지루한 시간을 알차게 보낼 수 있게 된다. 짧은 시간 집중해서 책을 읽기에 안성맞춤인 시간이기도 하다.

틈새 시간을 활용한 틈틈 독서를 위해서는 언제나 책이 옆에 있어야한다. 책이 눈에 띄어야 손에 쥘 수 있고 책을 펼 수 있다. 눈에서 멀어지면 마음에서도 멀어진다는 속담은 여기에도 적용된다. 그래서 틈틈 독서를 위해 외출할 때는 꼭 책 한두 권을 챙겨가자. 무조건 밖에 나갈 때는 읽든 안 읽든 책을 가져가는 버릇을 들이자. 버스에서, 지하철에서, 먼저 도착한 약속 장소에서 책을 펼쳐 읽는다. 이때 읽는 책은 내용이 조금 쉽거나 재미있는 것이면 좋겠다. 아무래도 토막시간이고 조용한 환경이 아닌 경우가 많다 보니 읽기 쉬운 내용의 책이 적당하다. 공부하듯 읽어야하는 경제경영서나 흐름을 계속 이어가야 하는 인문서보다는 자기계발서가 좋지 않을까 생각한다.

틈날 때마다 틈틈 독서에 맛을 들이면 오히려 이런 시간을 기다리게된다. 예전에는 의미 없고 지루했던 시간이 소중한 독서 시간으로 탈바꿈된다. 틈틈 독서는 하루의 구석구석을 독서로 충실하게 채웠다는 성취감과 보람을 느끼게 한다. 무엇보다 짧은 시간에 읽어낸 한두 페이지에

서 감동을 주고 내 삶을 바꿀 멋진 문장을 발견하게 된다면 이는 얼마나

귀한 일인가?

③ 책을 읽고 주말이 달라졌다

직장인에게 주말은 정말 소중한 시간이다. 월, 화, 수, 목, 금요일을 회사에 헌납하고 맞이하는 자유의 시간이라니! 그야말로 황금 주말이 아닐 수 없다. 7일 중 이틀을 내 시간으로 쓰기 위해 무려 5일을 남의 시간으로 사는 월급의 노예가 되었다는 생각에 서글픈 마음조차 든다.

사실 주말이라고 온통 내 마음대로 쓸 수 있는 것도 아니다. 회사 일이 바쁠 때는 주말이라고 어찌 마음 편히 집에서 놀 수 있겠는가? 내 일을 누가 해주는 것도 아니고 눈치 없이 모른 척할 수도 없다. 억지로 사무실에 나와 컴퓨터 앞에 앉으면 주말을 통째로 도둑맞은 기분에 우울함이 몰려온다.

회사 일이 아니더라도 주말에 해야 할 일은 많다. 주중에 하지 못한 밀린 집안일이 줄줄이 기다린다. 청소하고 빨래하고 세탁소도 들러야 한다. 집안에 경조사라도 있는 때에는 눈 깜짝할 새에 주말이 허무하게 지나가고 만다.

특히 주말부부인 우리 가족에게 주말이라는 시간은 다른 가족들보다 더 소중할 수밖에 없다. 비록 주중에 하루 정도 같이 할 때도 있지만 실질적으로 우리 가족이 온전히 함께할 수 있는 시간은 주말뿐이다.

주말 아침이면 10시까지 늦잠을 실컷 자고 거실로 나와 TV를 켠다. 그러면 아이와 아내도 곧 내 뒤를 따른다. TV를 보다가 배가 고프면 아침 겸 점심으로 식사를 해결한다. 늦은 오후에는 근처 마트에 가서 다음 주를 버티기 위해 장을 보거나 오랜만에 기분 전환을 위해 쇼핑에 나선다. 나간 김에 저녁은 맛집을 찾아 외식하고 밤에는 치맥으로 여유로운 주말 밤을 마무리한다. 이것이 지금까지 우리 가족의 평균 주말이었다. 이렇게 주말을 보내는 것이 제대로 쉬는 휴식이라고 생각했다. 솔직하게 말하면 주말을 다르게 보내는 방법도 알지 못했다.

그러나 '천 권 가족'이 되면서 우리 가족의 주말이 달라졌다. 우선 아침 일찍 일어난다. 가족마다 조금씩 기상 시간의 차이가 있는데 나는 5시, 아내가 6시, 아이는 7시다. 각자의 컨디션과 루틴에 따라 일어나는 시간을 스스로 정했다. 이렇게 아침에 일찍 일어나게 된 것도 실천 독서의 효과다. 『아침형 인간』(사이쇼 히로시), 『미라클 모닝』(할 엘로드), 『나의 하루는 4시 30분에 시작된다』(김유진) 등 수많은 책에서 새벽 기상의 긍정적인 효과를 말하고 있다. 책을 통해 왜 일찍 일어나야 하는지에 대한 답을 얻었고, 삶을 변화시키겠다는 절실함이 더해지자 어렵게만 느껴졌던 새벽 기상도 가능해진 것이다.

잠자리에서 일어나면 바로 책을 읽는다. 아침 시간만큼 조용히 집중해서 책을 읽을 수 있는 시간도 없을 뿐더러 주중 아침과 달리 출근의 압박 없이 조금 더 여유롭게 책에 빠져들 수 있는 주말 아침이기 때문이다.

아침 식사를 챙겨 먹고 집을 나서 우리는 도서관으로 간다. '천 권 가족'은 주말마다 도서관에 간다. 도서관에 가서 느긋하게 책을 고르고 도서관 한쪽 책상에 모여 책을 읽는다. 30분도 좋고 한 시간도 좋다. 오로지 책에 빠져 가족과 함께 책을 읽는 이 시간이 참으로 소중하다. 이 시간에는 호흡이 긴 책을 읽기에 좋은 시간이다. 서점에 가서 사고 싶은 책을 한 권 사기도 하고, 카페에 앉아 향긋한 커피와 함께 책을 읽기도 한다.

물론 여전히 주말에 회사를 나가야 할 때도 있고, 해결해야 할 집안일도 사라진 것은 아니지만 우리 가족의 주말에 책이 새롭게 들어왔다.

시간은 누구에게나 처음에는 똑같은 값으로 주어진다. 그러나 시간을 어떻게 쓰느냐에 따라 그 값어치가 하늘과 땅 차이로 달라진다. 똑같은 식재료도 솜씨 좋은 요리사를 만나면 멋진 요리로 식탁에 오를 수 있지만 나 같은 요린이를 만나게 되면 차마 삼키기 힘든 이상한 조합품이 되고 마는 것처럼 말이다. 우리 가족은 책을 읽으며 시간의 셰프가 되어 맛있는 주말을 만들어 가고 있다. 그 레시피가 바로 '천 권 가족 프로젝트'다.

지금까지 이야기한 것처럼 '천 권 가족'의 책 읽는 시간은 크게 세 가지로 구분해서 말할 수 있다. 매일 밤 30분간의 가족 독서, 일상생활 곳곳에 숨어 있는 시간을 활용한 틈틈 독서, 여유롭게 두꺼운 책도 느긋하게 읽을 수 있는 주말 독서. 이렇게 '천 권 가족'의 일주일이 독서로 채워지면서 1년에 1,000권 읽기라는 목표에도 한 걸음씩 다가갈 수 있었다. 시간의 흐름에 내 몸을 맡겨 흘러가는 것이 아니라 시간의 소중함을 인식하고 독서라는 가치 있는 활동으로 오늘을 채워나가자.

책을 읽고 싶은 공간을 만들어라

우리는 우리를 둘러싼 환경으로부터 끊임없이 영향을 받으며 살아가고 있다. 사람마다 정도가 다를 수는 있겠지만 그 영향에서 완전히 배제되어 살아갈 수는 없는 일이다. 그래서 맹자의 어머니는 세 번씩이나 이사하며 자식의 교육 환경 개선을 위해 애썼다.

맹모삼천지교(孟母三遷之敎)가 너무 오래된 옛날이야기라고 느껴진다면 1979년 미국의 '시계 거꾸로 돌리기 실험' 이야기를 해보겠다. 이 실험은 하버드대 심리학과 엘런 제인 랭어 교수가 8명의 노인을 대상으로 일주일 동안 실시했다. 시계를 거꾸로 돌려 20년 전의 과거로 돌아간 듯한 환경을 그대로 재현하고 노인들의 신체 변화를 관찰했다. 노인들이 생활한 숙소는 과거 그들이 젊은 시절 사용하던 것과 같은 그 시대의 물건들과 실내장식으로 꾸며졌고, 참가자들도 그때로 돌아간 것처럼 생각하며 생활했다. 그 결과 놀랍게도 노인들의 청력과 기억력이 실험 전보다 좋아졌고 걸음걸이와 자세도 더 꼿꼿해졌다. 노인들이 젊어졌다!

실험 대상자의 규모가 작고 기간도 짧아 연구 성과가 공식 인정되기 어렵다는 의견에도 불구하고 몸이 마음의 상태를 반영한다는 사실을 입증하는 사례로 많이 회자하고 있다. 그러나 그 마음의 상태를 만든 것이 20년 전 과거처럼 꾸며진 숙소에 있었다는 점을 고려하면 환경이 사람에게 미치는 영향이 얼마나 큰지 생각할 수 있다.

우리가 어떤 목표를 이루는 데 있어 더 좋은 여건을 만들 수 있다면 당연히 그렇게 해야 한다. 1년에 책을 1,000권 읽겠다는 '천 권 가족'의 목표를 이루는 데도 책 읽는 환경을 만드는 것은 매우 중요하다.

TV. 그것은 나에게 담배만큼이나 끊기 어려운 것이었다. 그나마 담배는 5년 전에 병원까지 다니며 독한 마음을 품고 끊는 데 성공했지만, TV는 여전히 '안녕'이라고 말하지 못하고 있었다. 어린 시절부터 TV는 나의 일상에서 큰 비중을 차지했다. TV는 가장 많은 시간을 보낸 친구였다. 군대에 갈 때도 가장 큰 걱정은 신병교육대에서 TV를 볼 수 없다는 사실이었다. 최근까지도 나의 유일한 취미이자 휴식은 TV였고 잠들 때까지 옆에서 속삭여 준 것도 바로 TV였다.

책을 읽자고 결심하고 나니 그런 TV가 독서에 가장 큰 걸림돌이 되었다. '오늘은 퇴근하고 꼭 책을 읽어야지.' 하며 굳게 마음먹고 집에 들어

와도 TV 리모컨으로 손이 가기 일쑤였다. 온종일 피곤하게 일하고 집에 왔는데 '잠깐 쉬어도 괜찮겠지.'라는 보상 심리와 함께 나의 독서 의지는 너무나 쉽게 사그라들었다.

얼마 전에 구매한 최신 65인치 텔레비전은 선명한 화면을 자랑했지만, 그만큼 TV를 끊겠다는 나의 의지는 더 흐려지고 말았다. 가족이 함께하는 주말에도 비슷한 풍경이 반복됐다. 가족의 시선이 온통 TV로 고정됐다. 주말 드라마를 함께 보며 가족애를 다졌다. 책을 읽으려면 TV를 없애야 한다는 생각은 머릿속에만 잠시 머물다 사라질 뿐이었다.

그러던 중 TV를 처리해 버릴 좋은 기회가 생겼는데 갑자기 이사하게 된 것이다. 이사를 하는 김에 TV를 없애버리기로 마음먹었다. 처음에는 아예 팔아버리려고 했으나 산 지 얼마 안 된 새것을 그럴 순 없다고 가족들이 강력하게 반대했다. 결국, 팔지는 못했지만 보지도 않는다는 중재안이 마련되어 TV는 작은 방 한구석에 자리 잡았는데 전기 코드와 콘센트가 닿지 않는 거리였다. 다시 보려면 낑낑대며 TV를 옮겨야 하는데 귀찮기도 하고 혼자서는 쉽지 않은 일이었다.

어쨌든 이렇게 TV가 눈앞에서 사라지자 진짜 우리의 시간이 생겨나기 시작했다. TV 소리가 끊지 않던 집안에 고요함이 탄생했다. 조용한 집안 분위기가 처음에는 어색했지만, 우리는 금방 적응해 갔다. TV로 채워졌던 시간을 책으로 채워갈 수 있는 환경이 마련됐다. TV라는 환경은 우리가 마음만 먹으면 통제할 수 있다. 물론 마음먹기가 힘들지만, 뚜렷한 목표가 있다면 불가능한 일이 아니다. 우리는 1년에 1,000권을 읽는다는 뚜렷한 목표가 있었기에 TV라는 강력한 유혹을 통제하는 데 성공했다. 이렇게 환경을 제어하자 우리가 목표를 향해 가는 데 큰 걸림돌이 제거되고 더 빠른 속도로 나아갈 수 있게 되었다.

스타벅스의 로고에 있는 세이렌은 그리스 신화에 나오는 바다의 요정이다. 상반신은 여성의 모습이고 하반신은 새 모양을 하고 있는데 아름다운 노랫소리로 뱃사람들을 홀려 죽게 했다고 한다. 트로이 전쟁의 영웅 오디세우스가 세이렌이 사는 바다를 건너게 되었을 때 그는 자신을 돛대에 묶게 하고 부하들의 귀를 밀랍으로 막았다. 이를 통해 세이렌의 유혹을 원천 차단했기에 그는 무사히 고향으로 돌아갈 수 있었다. 독서를 위해 방해되는 TV, 스마트폰 등을 없앨 수 있다면 없애버리고, 그럴 수 없다면 독서 시간만이라도 눈앞에서 치워버리자. 유혹에 넘어가기 쉬운 우리 자신을 스스로 돛대에 묶고, 귀를 밀랍으로 막아버리자.

TV가 사라진 자리에 우리는 책장을 놓았다. TV가 붙어 있던 벽 쪽으로 책장을 배치하고 그 앞에는 6인용 테이블을 놓았다. 이전 집에서는 원래 식탁으로 쓰던 것이었는데 이사를 오며 이 테이블도 주방에서 거실로 자리를 옮겼다. 우리 거실은 '천 권 가족'의 책 읽는 공간이 되었다.

아이 방에 책장이 있었지만, 독서 가족이 되기로 하고 거실에 가족 책장을 새롭게 들였다. 가로로 길게 3줄짜리 책장이다. 각각 한 줄씩 자기 책장으로 사용하기로 했다. 그리고 가족 책장에는 지금 읽고 있는 책을 꽂기로 했다.

'천 권 가족 프로젝트'를 처음 시작할 때 우리 부부가 가지고 있는 책은 몇 권 되지 않았다. 그동안의 빈곤한 독서량을 유추해 볼 수 있다. 그래서 우리는 가진 책을 모두 가족 책장에 가져다 놓아도 책장이 많이 남았다.

아이 책이 많았다. 어릴 적부터 사준 책은 아이 방 책장으로 가득했는데 지금도 얼마나 꺼내 읽는지는 알 수 없었다. 지금 읽는 책, 가족 독서 시간에 읽을 책만 가족 책장으로 옮기도록 했다.

프로젝트를 진행하며 책장도 성장해 갔다. 단출했던 우리 부부의 책장 두 줄도 우리가 읽은 책들로 점점 채워져 갔다. 내 책장에 있던 책이 아내의 책장으로 가기도 하고, 아내의 책장에 있던 책이 내 책장으로 오기도 했다. 가만히 앉아 읽었던 책들의 제목들을 바라보면 그 책 속 내용이 어렴풋이 생각나기도 하고, 인상 깊었던 한 줄이 떠오르기도 한다. 옛 노래를 들으며 그 당시를 추억하듯 책을 읽던 그때, 그곳의 장면이 머릿속에 떠오르는 것이다.

아이의 책장도 변해갔다. 처음에 전집들만 가득 찼던 자리에 아이가 진짜 읽고 싶은 책들이 한 권씩 늘어갔다. 만화책이 꽂혔다가 소설책도 꽂혔다. 가끔은 어른들이 읽는 책도 가져다 읽었다. 자기 방에서 주로 놀던 아이가 거실로 나오기 시작했다. 소파에 나란히 앉아 TV로 향했던 우리는 책상에 마주 앉아 책을 읽을 수 있었다.

시간이 지날수록 책이 점점 늘어 책장이 부족해지는 문제가 발생했다. 딸아이는 제방에 책장이 하나 더 있어 창고 같은 역할을 했는데 우리 부부는 따로 책을 보관할 만한 장소가 없었기에 책장 위로 책이 쌓이고 책장 옆에도 책이 놓였다. 도서관에서 주로 빌려 봤지만, 사는 책들도 많이 있었는데 시간이 지나 가족 책장으로 감당이 안 될 정도가 되어 갔다. 계속 책을 읽어 갈 텐데 집안을 책으로 가득 채워도 부족할 것이었다.

우리는 책장을 '새로 고침'하기로 했다. 다시 읽어야 할 책들은 가장 왼쪽에 보관하고 다시 읽을 필요가 없다고 생각되는 책들은 과감하게 책장에서 꺼냈다. 그렇게 생긴 공간은 지금 읽고 있거나 읽고 싶은 책들로 다시 채웠다.

　책장을 단순하게 책만 꽂아놓는 고인 물로 만들지 말고 인생의 흐름에 따라 그때그때의 관심과 목표를 좇아 이에 도움이 되는 책들로 채워나가야 한다. 우리 가족의 책장은 지난 책을 내보내고 현재 필요한 책을 적기에 공급하는 심장 같은 역할을 하고 있다. 이렇게 우리 거실은 TV가 사라진 자리에 책장과 책상이 들어왔고 '천 권 가족'만의 도서관이자 아지트가 되었다.

이달의 독서왕을 뽑아라

　함께 책을 읽으며 서로 성장하는 힘을 주는 것은 가족이 한 방향을 향해 같이 나아가는 삶의 러닝메이트이기 때문이다. 그러나 때로는 러닝메이트가 아니라 선두를 다투는 라이벌이 서로를 성장시키는 촉진제가 된다. '가족끼리 무슨 경쟁을 해?'라고 생각할 수 있지만, 각자의 독서 목표가 주어진 상황에서 경쟁심은 목표를 달성하는 데 중요한 요인으로 작용한다.

　각자 주어진 연간목표를 월별로 나눠본다. 내 연간 목표가 230권이니 한 달 목표는 20권 정도이고, 아내는 연간 목표가 70권이니 한 달 목표가 6권이 된다. 가장 많은 연간목표인 700권을 가지고 있는 딸아이는 한 달에 59권을 읽는 것이 목표다. 이제 자신의 한 달 목표를 앞에 두고 각자의 전략을 세워 목표를 향해 책을 읽어 나갈 것이다. 한 달이 지나면 누가 가장 책을 많이 읽었나를 따져보고 가장 많이 읽은 사람을 독서왕으로 뽑는다.

공정한 것은 목표 대비 실적의 비율로 순위를 매기는 것이다. 나의 한 달 목표가 20권인데 22권을 읽었다면 10%를 초과 달성했다. 딸아이의 한 달 목표가 59권인데 63권을 읽었다면 7%를 더 읽었다. 목표 대비 비율로 따지자면 딸의 7%보다 나의 10%가 더 높다. 내가 목표 대비 더 높은 비율의 책을 더 읽은 것이다. 그래서 처음 두 달은 이런 방식으로 독서왕을 선발했다.

그런데 문제는 딸아이였다. 딸아이는 목표 대비 달성 비율로 따지는 승부를 인정하지 않았다. 내가 2권 더 읽고, 자신은 4권을 더 읽었는데 어째서 자신이 독서왕이 아닌지 받아들이지 않았다. 나는 여러 방식으로 설명을 시도했으나 결국 딸은 끝까지 고집을 부렸다.

그래서 결국 우리 가족 이달의 독서왕은 목표를 초과해서 읽은 책의 권수가 많은 사람을 뽑기로 했다. 아무래도 딸아이가 가장 유리한 방식이었지만 가족 모두의 동의로 이렇게 결정했다. 아이가 이렇게 독서왕이 되려고 했던 것은 독서왕 타이틀도 욕심났지만, 그 부상에 더 눈독을 들였기 때문이다.

이달의 독서왕이 되면 자신이 사고 싶은 책을 한 권 선물 받을 수 있다. 우리 가족은 책을 많이 읽다 보니 모두 사서 보기에는 책값을 무시할 수 없는 수준이었기에 될 수 있으면 도서관에서 빌려 보거나 전자책 구독 서비스를 활용해 매월 일정 금액을 내고 e-book을 읽었다. 그러다 좋은 책을 만나 여러 번 읽을 필요가 있거나 소장하고 싶은 책이 있으면 선별해서 구매하곤 했다. 그런데 독서왕이 되면 비록 한 권이지만 자기가 사고 싶은 책을 마음대로 살 수 있는 특권을 준다.

그뿐만 아니라 독서왕이 되면 다음 외식의 메뉴 선택권이 주어진다. 우리 가족은 보통 주말에 한 번씩 외식하곤 하는데 메뉴를 가지고 매번 작은 다툼이 생긴다. 그런데 독서왕이 되면 외식 메뉴에 대한 전권을 행사할 수 있으니 탐나는 자리가 아닐 수 없다.

사실 이달의 독서왕은 서로 경쟁하는 마음으로 조금 더 책을 읽게 하는 데도 도움이 되었지만, 전체적으로 매월 독서량을 서로 점검하면서 가장 열심히 한 사람을 칭찬하고 격려하는 우리 집만의 재미있는 독서 제도로 자리 잡았다.

참고로 지난 12개월간 이달의 독서왕은 딸아이가 10번을 차지했고, 나와 아내가 각각 한 번씩 차지했다. 독서왕이 특히 효과가 있었던 사람은 딸이었다. 매월 말일이면 딸아이는 우리 부부가 몇 권을 읽었는지 묻고 우리보다 한 권이라도 더 읽기 위해 밤 11시까지도 책을 붙들고 앉아 있었다. 그 결과 우리 가족 독서왕은 대부분 딸아이가 차지했고, 외식 메뉴도 딸아이 취향에 맞춰 먹을 수밖에 없었다. 가족 독서를 하기로 했다면 이달의 독서왕을 뽑아보면 어떨까? 분명 가족과 책을 읽는데 색다른 재미가 추가될 것이다.

독서 장바구니를 채워라

책을 고르는 것은 기쁨인가 고통인가? 도서관이나 서점의 긴 책장 앞에 서서 읽을 책을 고르는 것은 독서 생활의 즐거움 중 하나다. 내 선택을 기다리듯 좌우 정렬된 모습의 책들을 바라보며 여유롭게 책장 사잇길을 산책한다. 제목이 마음에 드는 책을 골라 표지를 훑어보고 그 안쪽까지 들여보는 것은 언제나 설레는 일이다. 여유가 있을 때는 한 시간이 넘도록 도서관 책장 앞을 서성이며 책 고르기에 빠지기도 한다.

그러나 책을 계속 읽어 가며 책을 고르는 것이 마냥 기쁜 일이기만 한 것은 아니었다. 도서관에서 읽을 책을 고르지 못해 우물쭈물하다가 시간이 없어 빌리지 못하고 그냥 나오는 날도 많았다. 독서 목표 앞에서 당장 책을 골라 바로 읽어 나갈 욕심이 앞서기도 하고, 이렇게 책 고르는 시간에 책을 읽어야 한다는 급한 마음도 있었다. 시간적 여유가 없는 날에는 더욱 그랬다. 이런 일이 몇 번 반복되자 나중에 읽을 책이 미리 정해져 있으면 좋겠다고 생각하게 되었다.

그때부터 나는 다음에 읽을 책이 생각날 때마다 다이어리에 적어두기 시작했다. 내가 다음 읽을 책을 가장 많이 구한 곳은 바로 책이다. 책을 읽다 보면 책 속에서 다른 책의 제목을 인용하거나 그 내용을 언급한 부분이 많이 나온다. 이 중에서 관심이 가거나 읽어보면 좋겠다고 생각하는 책들을 메모해 두는 것이다. 특히 자기계발서나 재테크 책에서는 추천 도서가 많이 거론된다. 이 책들을 읽으며 꼬리에 꼬리를 무는 독서, 즉 '꼬꼬무 독서'를 한다. 책뿐만 아니라 신문, 인터넷 등에서 읽을 책을 건지기도 한다. 물론 다른 사람이 추천하는 때도 있다.

다음에 어떤 책을 읽어야겠다는 생각이 들면 머릿속에만 담아두지 않고 바로 기록한다. 방금 생각한 것도 잊어버린 적이 한두 번이 아니기에 생각나면 바로 적는다. 항상 가지고 다니는 다이어리에 추천 도서 목록을 정리하는 부분이 따로 준비되어 있다. 날짜, 책 이름, 저자/출판사, 출처를 차례로 적는다. 날짜는 이 책을 발견한 날이고, 출처는 어디에서 이 책을 보았는가 하는 것이다. 저자나 출판사는 알면 적고 모르면 건너뛴다.

나는 '천 권 가족 프로젝트'를 하며 1년 동안 380여 권의 추천 도서를 적었다. 이 중에 읽은 책은 100여 권 정도다. 추천 도서 목록에 적혀있다고 모두 읽어야 할 필요는 전혀 없다. 어디까지나 추천 도서 목록은 다음에 읽을 책을 고를 때 장바구니 역할을 할 뿐이다. 우리가 온라인 쇼핑을

할 때 일단 관심 있는 물건을 잔뜩 장바구니에 담아놓지만, 이것들을 모두 사지는 않는다. 추천 도서도 마찬가지로 시간이 지나 예전에 적어놓았던 책들에 대한 선호도나 관심이 떨어질 수 있는데 그러면 안 읽으면 그만이다.

그러나 다음 읽을 책을 미리 정해놓는 것은 여러 가지로 장점이 많다. 읽을 책을 미리 정해놓으면 책 고르는 시간을 아껴 책 읽는 시간을 늘릴 수 있다. 애플의 스티브 잡스나 페이스북(메타)의 마크 저커버그는 계속 같은 옷을 입는 것으로 유명하다. 스티브 잡스는 검은 터틀넥에 청바지를 입고, 저커버그는 회색 티셔츠를 입는다. 이 의상들이 그들의 고유한 이미지를 형성하기도 한다. 이들이 이렇게 같은 옷만 입는 것은 매일 아침 옷을 고르는 불필요한 의사결정 과정을 제거하여 중요한 일에 에너지를 집중하기 위함이다. 물론 책을 고르는 것이 꼭 불필요한 낭비라고 볼 수만은 없겠지만 평소 읽을 책을 미리 골라두고 기록한다면 시간을 효율적으로 이용할 수 있음은 분명하다.

또한, 읽을 책을 정해놓는 것은 독서를 계속 이어갈 수 있는 연결 고리를 만드는 일이다. 독서 목록에 있는 책들을 살펴보며 다음에는 이 책을 읽어야겠다는 마음이 생기는 것, 이것이 바로 다음 독서를 이끄는 견인력으로 작용한다. 삼겹살을 먹을 때 중요한 것은 고기가 끊기지 않는 것이다. 한 점 먹고 다시 먹으려는데 아직도 불판 위의 고기가 덜 익어 선홍빛이라면 실망이다. 독서도 마찬가지다. 중요한 것은 끊기지 않는 책이다. 추천 도서 목록이 다음에 먹을 책을 잘 굽고 있어야 한다.

읽을 책 목록은 독서 생활의 균형추를 제공하기도 한다. 지금까지 내가 읽은 책이 기록으로 남아 있고, 추천 도서 목록에 다음 읽을 책들이 풍성하게 들어 있다면 어느 분야의 책을 읽어야 할지 조정할 수 있다. 지금까지 자기계발서만 읽어 경제경영서를 좀 읽어봐야겠다면 추천 도서 목록에서 해당 분야의 책을 골라 읽으면 된다. 이제 인문서를 좀 읽어야 하겠다고 생각하면 추천 도서 목록에서 역사나 철학, 문학책을 살펴보면 될 일이다. 읽은 책 목록을 통해 지나온 길을 돌아볼 수 있고, 앞으로 읽을 책 목록을 보며 나아갈 길을 알 수 있다.

책을 읽으며 책 속에서 추천하는 책을 메모하자. 누군가가 추천해 주는 책이 있다면 기록하자. 신문의 신간 소개 면에서 관심을 끄는 책이 있다면 이 또한 적어보자. 차곡차곡 독서 장바구니를 미리 채워두면 다음에 책을 고를 때 훌륭한 선택지를 제공하고, 다음 독서로 나아가는 든든한 안내자가 된다.

장바구니에 담긴 책 중에서도 좋은 책을 골라 읽는 것이 중요하다. 우리가 어렵게 독서 습관을 만들고 없는 시간을 만들어 책을 읽는 것은 좋은 책을 읽기 위해서다. 좋은 책은 어떤 책인가? 좋은 책이 어떤 책인가에 대한 자신만의 정의가 필요하다. 그래야 좋은 책을 골라 읽을 수 있기 때문이다.

내가 생각하는 좋은 책은 세 가지다. 먼저 재미있는 책이다. 누가 시키지 않아도 우리가 TV를 보고 유튜브를 보는 것은 재미있기 때문이다. 재미있는 책은 억지로 읽는 책이 아니다. 흥미를 느끼기에 저절로 손이 가는 책이다.

특히 처음 독서에 발을 들여놓거나 독서 습관을 만들어 가는 초보 독서가에게는 재미있는 책이 필요하다. 이제 막 책을 읽으려고 하는데 벽돌같이 두껍고 무슨 말인지도 모를 어려운 책을 먼저 접한다면 어떻겠는가? 독서의 재미는 반감되고 책 읽기 습관을 뿌리내리기도 전에 손에서 책을 놓게 된다. 물론 독서를 처음 시작하는 사람뿐만 아니라 꾸준히 독서하던 사람이라고 해도 재미있는 책 읽기는 중요하다. 재미있는 책은 계속 책을 읽어 나가는 힘이 되기 때문이다.

좋은 책의 두 번째는 내 문제에 대한 해답을 가지고 있는 책이다. 사람은 살아가면서 여러 가지 문제에 직면한다. 어쩌면 인생이란 주어진 문제를 어떻게 풀어가느냐에 따라 그 모습이 달라지는 것이라고 말할 수 있다. 문제에 직면하면 당신은 어떻게 하는가? 매일 반복되거나 일상적인 문제라면 우리의 경험과 상식에 따라 처리하면 된다.

그러나 이전에 겪어보지 못했거나 중요한 판단을 해야 하는 문제라면 해결책에 대한 깊은 고민이 있어야 한다. 이러한 고민이 있을 때 나는 책을 읽는다. 책은 모든 문제에 대한 해답을 담고 있다. 개인적으로는 내가 겪고 있는 문제의 해법을 제시하는 책을 좋은 책의 가장 중요한 조건으로 여긴다. 다만 이 해답이 실질적인 효과를 거두기 위해서는 앞에서 계속 강조한 것처럼 반드시 실천이 따라야 함은 물론이다.

책을 처음 읽기 시작하며 '어떻게 하면 책을 더 잘 읽을까?' 하는 문제에 직면했다. 책 읽기 태도와 방법에 관한 다양한 책을 읽었고, 이를 바탕으로 우리 가족만의 책 읽기 프로젝트를 시작할 수 있었다. 이때 읽은 책은 『독서 천재가 된 홍 대리 1, 2』(이지성), 『일독일행 독서법』(유근용), 『1천 권 독서법』(전안나), 『인생의 차이를 만드는 독서법, 본깨적』(박상배), 『어느 독서광의 생산적 책 읽기 50』(안상헌), 『나는 매일 책을 읽기로 했다』(김범준), 『대한민국 독서 혁명』(강규형) 등이 있다.

바쁜 직장 생활을 하면서 항상 시간이 부족했다. 시간 관리의 필요성을 느끼게 되었고, 시간을 확보하기 위해서는 아침 시간을 잘 활용해야 한다고 생각했다. 그래서 일찍 일어나고 그 시간을 어떻게 쓸지에 대한 책들을 읽어 갔다. 책에 나온 내용을 실천해 가며 나의 아침 시간 테이블을 만들어 갈 수 있었다. 이와 관련해서는 『아침형 인간』(사이쇼 히로시), 『출근 전 2시간』(김태광), 『변화의 시작 5AM 클럽』(로빈 샤르마), 『나의 하루는 4시 30분에 시작된다』(김유진) 등을 읽었다.

　가족과 함께 행복한 삶을 누리고자 하는 우리 부부의 최근 가장 큰 관심사는 경제적으로 풍요로운 미래를 준비하는 것이다. 사실 지금까지 경제에 무관심했던 것에 반성하면서 재테크 책을 집중적으로 읽기 시작했다. '천 권 가족 프로젝트'를 하며 내가 읽은 232권의 책 중 재테크를 포함한 경제경영서가 68권으로 30% 정도를 차지했다. 『존 리의 금융문맹 탈출』(존 리), 『돈의 속성』(김승호), 『엑시트(EXIT)』(송희창), 『소수 몽키의 한 권으로 끝내는 미국 주식』(홍승초), 『경매 권리분석 이렇게 쉬웠어?』(박희철), 『최진기의 경제 상식 오늘부터 1일』(최진기), 『부동산 투자의 정석』(김원철) 등 경제 일반을 다른 책부터 주식, 부동산, 경매에 이르기까지 다양한 재테크 방법을 공부했고 실천하고 있다.

　내가 생각하는 좋은 책의 마지막 정의는 인생의 지침이 되는 책이다. 『왜 일하는가』(이나모리 가즈오), 『그대, 스스로를 고용하라』(구본형), 『시련은 있어도 실패는 없다』(정주영). 『어머니 저는 해냈어요』(김규환) 등은 어떻게 살아야 하는지에 대한 답을 구해가는 과정에서 중요한 실마리를 주었을 뿐만 아니라 내가 지금 겪고 있는 어려움을 극복하는 데에도 큰 힘을 주는 책들이다. 이 책들은 지금까지도 수시로 읽으며 삶에 응원을 받고 있다.

이처럼 나에게 좋은 책이란 재미를 주고, 문제를 해결하는 답을 주고, 인생을 살아가는 데 있어 길라잡이가 되어주는 책이다. 그러나 사람마다 좋은 책의 기준은 서로 다를 수밖에 없다. 중요한 것은 나에게 좋은 책이란 무엇인지 생각해 보고 이에 맞춰 좋은 책을 골라 꾸준히 읽어 가는 것이다.

우리 동네 도서관을 즐겨라

오늘의 나를 만든 것은 우리 마을 도서관이었다. (빌 게이츠)

우리가 아이들에게 신비한 도서관의 문턱을 넘어가도록 설득하는 순간, 우리는 아이들의 삶을 훨씬 나은 것으로 오래도록 바꿀 수 있다. (버락 오바마)

모든 방법이 실패하면 포기하고 도서관으로 갈 것. (스티븐 킹)

우리가 반드시 알아야 할 유일한 일은 도서관 위치를 파악하는 것이다. (알베르트 아인슈타인)

우리는 주말부부다. 직장 관계로 주중에는 서로 떨어져 생활한다. 내가 혼자 지내고 아내와 딸이 함께 살고 있다. 엄밀히 말하면 반(半) 주말부부다. 될 수 있으면 수요일에는 내가 아내와 아이가 있는 곳으로 내려가려고 노력하기 때문이다.

주말부부라서 우리 가족의 주말은 다른 집보다 두 배는 더 소중하다. 이렇게 소중한 주말을 가장 알차게 보내기 위해 매주 주말 계획을 짠다. 하고 싶은 것, 가고 싶은 곳, 먹고 싶은 것까지 종이에 적어 벽에 붙이고 주말을 시작한다. 어느 하나 빠트리지 않고 주말을 잘 보내기 위해서다. '천 권 가족 프로젝트'를 진행하며 우리 가족의 주말 계획에서 매주 빠지지 않는 것이 있는데 바로 도서관에 가는 것이다.

주말에는 꼭 도서관에 간다. 내가 사는 곳은 지방 도시인데 집에서 걸어갈 거리에 지은 지 얼마 안 된 멋진 도서관이 있다. 우리 집이 마음에 드는 첫 번째 이유다. 10분 정도는 열심히 걸어야 해서 여름에는 땀이 좀 나지만 그래도 이렇게 가까운 곳에 도서관이 있다니 얼마나 행복한가? 부동산에서는 직주근접의 입지가 가장 중요하다고 했는데 '천 권 가족'의 입지에서는 도서관 근접성이 중요하다.

아내와 딸이 사는 곳은 군 단위 시골이지만 읍 지역이라 집 가까이 공립 도서관이 있다. 15분 정도 걸으면 역시 도서관에 도착할 수 있다. 그리고 교육청 소속의 교육도서관도 걸어갈 수 있는 거리에 있다. 주말부부라서 두 지역의 도서관을 모두 이용할 수 있으니 이 또한 좋지 아니한가?

도서관은 크기나 규모에 상관없이 이쪽에 없는 책이 저쪽에는 있는 때도 있고, 저쪽에 없는 책이 이쪽에 있는 경우도 많다. 여러 도서관을 누비며 읽고 싶은 책을 찾는 것도 폭넓은 도서관 생활을 누리는 기쁨이다. 또 어느 도서관은 예전 책이 많이 있어서 좋고, 어느 도서관은 신간이 많아서 좋다. 도서관마다 특징과 장점을 찾는 것도 도서관을 찾는 재미다.

우리 가족의 도서관 루틴을 소개해 본다. 반납해야 할 책을 담은 도서관 전용 에코백을 어깨에 메고 도서관까지 걸어간다. 도서관 가는 길은 기분 좋은 걷기 운동 코스가 된다. 나는 그 길이 마음에 든다. 봄이면 꽃이 피고 가을이면 낙엽을 밟는다. 도서관에 다니며 바쁜 일상에서 놓쳐버린 계절의 풍경을 느낄 수 있다. 차만 타고 다니던 때에는 보지 못하고 지나쳤던 장면에 대한 소소한 발견이 주는 소중함이다.

도서관에 도착하면 어린이 자료실에 먼저 들러 아이 책을 반납하고 새로운 책을 빌린다. 그 후 우리 부부의 책을 빌리러 종합자료실로 가는데 우리가 책을 고르는 동안 아이는 책상에 앉아 아까 빌린 책을 읽는다. 그러면 우리도 편안한 마음으로 책 구경을 하고 고를 수 있다. 내가 사는 도서관은 한 번에 10권까지 빌릴 수 있다. 얼마 전까지는 5권이었는데 10권으로 늘려줬다. 우리 가족에게는 참으로 고마운 일이다. 10권 중 8권은 아이 책, 2권은 엄마, 아빠 책을 한 권씩 빌린다.

우리 가족은 절대 도서 연체를 하지 않는다. 사실 일주일이면 빌린 책을 읽는 데 충분하지만 대여 기간을 연장하면 3주까지 가능해서 연체할 일이 없다. 연체는 도서관과의 약속을 어기는 일이고, 연체 기간만큼 도서관 이용을 제한받기 때문이다. 그래서 우리는 지금까지 연체해 본 적이 없다.

'천 권 가족'이 되기로 결심하고 1년, 52주 동안 우리 가족은 총 73번 도서관을 찾았다. 매주 한 번도 빠지지 않고 갔고, 토요일과 일요일 모두 간 적도 있다. 우리 동네 도서관은 '천 권 가족'의 든든한 베이스캠프인 셈이다.

이전까지 나에게 도서관이란 공부하는 공간으로만 남아 있었다. 특히 입사 시험을 준비하면서 1년 넘게 아침 9시부터 밤 9시까지 온종일 시간을 보냈던 곳이 바로 도서관이다. 내가 당시 이용하던 도서관은 집 근처에 있는 시립도서관이었는데 그때 내가 아는 도서관은 공부하는 열람실이 전부였다.

요즘 가족과 함께 책을 읽으며 도서관에 대해 다시 생각하게 되었다. 도서관의 가장 기본적이고 고전적인 기능은 책을 빌려주고 읽을 수 있도록 돕는 것이다. 당연히 도서관의 서가와 열람실이 중요한 역할을 담당

했다. 조용하고 지루한 곳으로 인식됐던 것도 사실이다.

그러나 최근의 도서관은 새로운 공간으로 변화하기 시작했다. 지역의 공공도서관이 복합문화시설로 탈바꿈하며 도서관의 역할을 확대해 나가고 있다. 책 읽기 프로그램은 물론 누구나 쉽게 참여할 수 있는 교육, 세미나, 강연, 공연 등이 도서관에서 이뤄지고 있다. 아이부터 어르신까지 도서관을 찾아 자기에게 맞는 책을 찾아 읽고 강의를 듣고 영화를 감상한다. 과거의 흑백 도서관에서 컬러풀한 도서관으로 변신하고 있다.

도서관마다 차별화된 프로그램을 제공하기도 한다. 우리 가족은 도서관에 갈 때마다 지금 어떤 프로그램을 운영하고 있는지 게시판을 잘 살피고 참여할 수 있는 것들에는 적극적으로 도전하는 편이다. 이런 활동에 참여하는 것은 단조로운 독서 생활에 재미를 줄 뿐만 아니라 우리의 일상을 풍부하게 한다. 또한, 대부분 무료로 제공되고 있어 부담 없이 참여할 수 있다.

'피크닉 도서관'이란 제목의 행사에 참여했던 적이 있다. 사전 신청을 하고 도서관에 방문하면 소풍 바구니와 매트는 물론 놀잇거리도 빌려주는 프로그램이었다. 놀잇거리는 보드게임, 폴라로이드 카메라, 미술 키트 등 3가지였는데 우리는 폴라로이드 카메라를 골랐다. 간단한 도시락을 마련해 소풍 가는 기분으로 도서관 근처 잔디밭에서 즐거운 시간을 보냈다. 물론 책이 빠질 수 없다. 날씨 좋은 봄, 야외에서 돗자리를 깔고 여유롭게 즐기는 독서는 정말 기분 좋은 경험이었다. 그때 찍은 폴라로이드 사진이 아직도 냉장고에 붙어 있는데 봄날의 소중한 추억을 담고 있다.

한번은 딸아이가 '독서 마라톤'이라는 프로그램에 참여한 적이 있다. 초등학생을 대상으로 정해진 기간 내에 코스별로 정해진 책을 읽고 독후감을 써서 제출하면 독서 마라톤 완주 증명서와 기념품을 주고, 독서 포트폴리오도 제작해 준다. 평소에 독후감을 자주 써 왔던 우리는 좋은 기회라 여기며 바로 신청했고 가장 먼저 결승점을 통과하는 영광을 누렸다. 아이는 정말 42.195km의 마라톤을 완주한 듯 자랑스러워했다. 아이에게 책 읽는 성취감과 동기를 주게 되어 반가운 프로그램이었다.

지금 바로 가까운 도서관의 홈페이지만 살펴봐도 참여할 수 있는 수십 개의 프로그램을 볼 수 있다. 우리 동네 공공도서관에는 현재 '어린이 교과 독서 토론', '두근두근 책 놀이', '하브루타 부모 교육', '펜으로 그리는 일상 드로잉', '중고등학생 웹툰 동아리', '성인 오디오북 클래스', '시니어 그림책 인문학' 등 정말 다채로운 프로그램이 진행 중이다.

주말마다 아이들과 어디를 나가야 할지 고민하는 부모님들에게 도서관을 추천한다. 이번 주말에는 가족과 함께 가까운 도서관을 가보시길 권한다. 책을 몇 권 빌려 도서관에 앉아 차분히 읽어보자. 게시판을 보고 끌리는 프로그램이 있다면 작은 용기를 내서 참여해 보자. 가족의 독서 생활에 재미를 더하고 독서 습관 만들기에도 큰 도움을 줄 것이다.

미국의 도시사회학자 레이 올든버그는 그의 책 『제3의 장소(The Great Good Place)』에서 제1의 장소는 가정이고, 제2의 장소는 직장이며, 제3의 장소는 집이나 직장과 달리 비공식적인 공공 생활에 대한 요구를 충족시키고 다른 사람과의 사회적 상호작용이 일어나는 공간을 의미한다고 했다. 포스트 코로나 시대를 맞이하며 제3의 공간에 대한 필요성이 증대되고 있으며 그 해결책으로 도서관의 역할이 주목받고 있다.

2020년 기준 우리나라에는 1,172개의 도서관이 있다고 한다. 우리나라 인구를 5,000만 명이라고 본다면 43,000여 명당 1개의 도서관이 있는 셈이다. 나의 바람으로는 크고 작은 도서관이 더 많이 생겨서 사람들이 도서관과 더 가까워지고, 도서관을 찾는 사람들이 더 많아지는 것이다. 도서관은 미래로 향하는 SOC(Social Overhead Capital, 도로, 철도 등 경제 발전의 기초가 되는 사회간접자본)이며 폭넓은 의미에서 또 다른 복지이기 때문이다.

읽고 쓰고 알아가기

독서를 단지 읽는 행위 자체로만 좁게 묶어 둔다면 그 효용 가치를 제대로 누리지 못하게 된다. 그러면 독서의 성과를 모두 거두기 위해 읽기 외에 무엇을 해야 하는가? 일본의 서평가이자 작가인 인나미 아쓰시는 『1만 권 독서법』에서 책 읽기를 숨쉬기에 비유하고 있다. 책을 계속 읽기만 하면 숨을 계속 들이쉬기만 하는 것처럼 힘든 일이라는 것이다. 그래서 저자는 책을 읽기만 할 게 아니라 쓸 것을 권한다.

그렇다. 읽고 써야 한다. 책을 한 권 읽고 무언가 쓴다는 것은 책 속에서 내 마음을 움직인 한 줄을 그대로 베껴 쓰는 것일 수도 있고, 책의 내용을 나만의 언어로 다시 정리한 글을 쓰는 것일 수도 있다. 또는 책을 읽으며 내가 실천해야 하는 것을 다짐하는 것일지도 모른다. 책을 읽고 쓴다는 것은 그 자체가 독서를 확장하고 책의 쓸모를 넓히는 일이다. 그야말로 숨을 들이쉬듯 읽고 숨을 내쉬듯 써야 한다.

17,000여 권의 책을 가지고 있다는 영화평론가 이동진은 자신의 이름을 붙인 책『이동진 독서법』에서 책을 읽고 쓰고 말하는 것의 중요성에 대해 다음과 같이 이야기한다.

책을 읽은 후 우리는 그냥 뭉뚱그려진 감정과 생각의 덩어리를 갖고 있을 뿐입니다. 그것을 글이나 말의 형태로 옮기지 않는 한 생각은 제대로 위력을 발휘할 수 없는 것입니다.

읽은 책에 대해 줄거리를 요약해 보는 것도 좋고, 책에 대한 감상이나 의견을 적어 보는 것도 좋다. 어떤 식으로든 읽은 것에 대해 자신만의 방식으로 표현해 보는 것이 중요하다고 생각한다.

우리 가족은 각자 나름의 방식으로 독서 기록을 남기고 있다. 아내는 책을 읽고 마음에 드는 문장이나 가슴에 와닿는 문장을 그대로 베껴 적는다. 책을 읽으며 그런 부분을 표시하면 보통 10곳 내외가 되는데 다이어리에 이를 옮겨 적는다. 책 내용을 그대로 따라 쓰는 것이라 큰 부담 없이 할 수 있어 좋다고 한다. 간단하지만 초보 독서가에게는 가장 효과적인 방법이다. 그러나 주의할 점은 그냥 글씨만 따라 쓰는 것이 아니라 마음에도 새겨야 한다는 것이다. 필사하며 책 읽을 때 받은 느낌과 감동을 다시 한번 되살려야 한다.

딸은 독서통장에 한 줄 평을 쓴다. 독서통장은 아이의 책 읽은 목록을 정리하는 노트인데 윗줄에 책 제목을 적고 그 아랫줄에 느낌을 한 줄 적는다. 딱 한 줄이다. '책 속의 주인공이 너무 불쌍하다.', '나도 그 음식을 먹어 보고 싶다.', '세상에는 배워야 할 것이 참 많다.' 등 마음대로 적는다. 한 줄 평을 써보자고 내가 아이에게 권하기는 했지만, 그 내용에 대해서는 절대 간섭하지 않는다. 어떤 식으로든 짧게나마 책을 읽고 표현할 수 있다는 것에 의미를 두고 있다.

나 같은 경우는 특히 책 읽고 기록하기에 신경을 많이 쓴다. 독서 노트를 따로 만들어서 책을 한 권 읽으면 한두 장 정도로 정리한다. 먼저 어떤 책을 읽었는지에 대해 기록한다. 책 제목, 책 읽은 날짜, 저자, 출판사, 분야, 페이지 수까지 적는다. 다음으로 책이 어떤 내용을 담고 있는지를 쓴다. 키워드와 메시지를 적고 책에서 인상 깊었던 내용을 간단히 정리한다. 그리고 마지막으로 책에 대한 평가와 함께 실천 사항을 적어 둔다.

책에 대한 평가는 별점 평가 방식인데 별 다섯 개를 받으면 만점이다. 나만의 방식이기는 하지만 이것도 평가이므로 별표 하나하나를 주는 기준이 있다.

① 재미있는가?

② 감동을 주는가?

③ 공감이 되는가?

④ 실천 거리가 있는가?

⑤ 다시 읽을 만한 책인가?

'천 권 가족 프로젝트'를 하며 나는 232권의 책을 읽었지만, 별 다섯 개를 받은 책은 오직 6권뿐이다. 그러나 이것은 내 개인적인 평가 기준일 뿐이기에 참고가 되기를 바라며 여러분만의 기준으로 별표를 그려보기를 바란다. 별표 평가는 내가 읽은 책이 더 소중해지는 계기가 되기도 한다.

실천 사항은 주로 자기계발서나 경제경영서에서 해당하지만, 소설이나 에세이에서도 찾을 수 있다. 나는 실천이 따라야만 독서의 효과가 있는 것이라고 믿기 때문에 책을 한 권 읽으면 한 가지 실천 사항을 정해서 삶에 적용하려고 애쓴다.

독서 노트는 주로 PC 워드를 이용해 작성한다. 읽는 책이 많아지고 정리할 내용이 쌓이다 보니 손 글씨로는 어려움이 있었기 때문이다. 워드로 정리하면 컴퓨터 안에 저장된 기록이 남고 출력해서 볼 때 깔끔해서 좋다. 그런데 최근에는 손 글씨 쓰는 것이 좋아져서 직접 손으로 쓰며 정리할 때도 종종 있다. 손으로 꼭꼭 눌러쓴 독서 노트가 한 장씩 쌓이는 것을 보면 뿌듯한 마음도 함께 커진다.

책을 읽고 기록하기에서 중요하게 강조하고 싶은 것은 '다시 보기'다. 한 번 써놓는 것 자체로만 만족하기보다는 시간이 날 때마다 정리한 독서 노트를 다시 펼쳐보자. 책을 다시 읽으려면 몇 시간이 걸리지만 정리해 놓은 독서 노트를 다시 보는 데는 10분이면 충분하다. 내가 직접 정리한 것이기에 더 쉽게 이해할 수 있다.

'다시 보기'를 할 때는 그때 떠오른 생각이나 아이디어를 추가로 적고, 형광펜으로 중요한 부분을 밑줄 긋기도 한다. 읽은 책을 복습하고 다시 되새겨보는 과정이다. 이것이 진짜 공부가 되고 진짜 독서가 된다. 어렵게 독서 노트를 만들고 다시 보지 않는 것은 맛있는 음식을 열심히 만들기만 하고 맛보지 않는 것과 다르지 않다.

여기서 잠깐, 나만의 '포스트잇 독서법'을 소개한다. 책을 읽을 때 책을 접고, 줄을 긋고, 메모하는 등 책을 괴롭히는 적극적인 독서를 강조하는 책이 많다. 나 역시 이런 독서법이 효과적이라고 생각한다. 그러나 원래 책을 깨끗하게 보는 것이 마음 편하고 주로 도서관에서 책을 빌려 읽다 보니 고안해 낸 방법이 바로 '포스트잇 독서법'이다.

준비물은 읽을 책과 포스트잇(작은 띠지, 일반적인 크기), 필기구뿐이다. 가장 먼저 포스트잇을 몇 장 떼서 책의 뒷날개에 붙여 놓는다. 매번 포스트잇이 어디 있는지 헤매지 않고 바로 떼어 쓸 수 있게 하기 위해서다. 책을 읽다가 필사하거나 독서 노트에 따로 정리해야 할 중요한 내용이 나오면 뒤에 붙여 놓은 띠지 포스트잇을 붙여 표시한다. 느낌이나 깨달은 점, 실천 사항 등의 메모가 필요할 때는 일반 포스트잇에 글을 적어 책 밖으로 조금 삐져나오게 붙여 나중에 찾기 편하게 한다.

책을 다 읽고 나면 크고 작은 포스트잇이 여러 개 달려 있다. 포스트잇으로 표시된 곳을 넘겨 가며 독서 노트에 하나씩 정리하고, 정리된 쪽의 포스트잇을 떼어낸다. 때론 메모한 포스트잇을 그대로 노트에 붙이기도 한다. '포스트잇 독서법'은 책을 읽을 때 책을 괴롭히지 않으면서도 적극적인 독서가 가능한 방법이라 도서관에서 책을 빌려 읽거나 원래 책을 깨끗하게 보는 독자에게 권하고 싶다.

책을 읽었다면 무엇이라도 한번 써보자. 그리고 기록한 내용을 꼭 다시 보자. 당신의 독서가 한층 깊어지고 넓어진다.

책을 읽고 그것을 기록해 가면서 나를 알아갈 수 있었다. 읽은 책 목록을 보면서, 그리고 그 책 속에서 건져 올린 문장들 속에서 나는 나를 바라볼 수 있었다. 책을 읽으면서 미리 전체적인 독서 방향을 설정해 놓고 읽는 것은 아니지만 읽어온 책들을 보며 내가 좋아하는 것이 어떤 것인지 알게 되었다.

신기한 것은 좋아한다는 것이 하나에 머물지 않고 끊임없이 확장하고 발전해 나가는 것이라는 점이다. 그것은 책을 통해 내가 몰랐던 것들을 알아가면서 그것에 대해 좋고 싫음의 평가할 기회를 얻었기 때문이다. 알 수 없는 것에 대해 좋아할지 싫어할지를 결정할 수는 없기 때문이다.

책 속에서 발견한 나는 '성장'을 좋아하는 사람이었다. 책을 읽기 전까지 나의 성장은 멈춰 있었다. 정확히 말하면 성장에 대한 인식조차 없었다. 그러나 많은 자기계발서를 읽으며 나를 새롭게 변화시키겠다는 욕구가 내 안에서 솟아올랐다.

더 나은 내일을 위해 지금 해야 할 일을 찾게 되었고 책에서 실천 거리를 찾아 행동으로 옮겨갔다. 조금씩 변화하는 내 모습을 보는 것에서 쾌감이 느껴졌다. 나 혼자의 변화에 머무르지 않고 가족과 함께하는 성장을 생각하기 시작했다. 책으로 시작된 나의 변화를 가족으로까지 확대하자는 내 생각이 '천 권 가족 프로젝트'까지 이르게 된 것이다.

책을 읽으며 찾은 또 다른 나는 '풍요로움'을 바라는 사람이었다. 사실 어린 시절 크게 풍족한 환경에서 자란 것은 아니지만 물질적인 부에 대한 욕구가 큰 것도 아니었다. 아니 부자가 된다는 생각을 감히 하지 못했다고 말하는 것이 맞는 표현이다. 그저 직장 생활을 하며 하루하루 먹고 사는 것에 만족해 왔다.

미래의 경제적인 계획은 아예 생각하지도 못했다. 부자가 되는 것은 아무나 할 수 있는 일이 아니라고 여겼다. 부자가 될 만한 사람이 부자가 될 만한 환경 속에서만 가능하다고 생각했고 나에게는 '해당 사항 없음'으로 굳게 생각해 왔다.

하지만 바위처럼 단단하던 고정관념도 책을 읽으며 조금씩 금이 갔다. 책을 읽으며 어려운 환경 속에서도 자신의 노력으로 부를 일궈낸 사람들을 목격하며 나도 부자가 될 수 있겠다는 가능성을 어렴풋이 엿볼 수 있었다. 그리고 구체적인 방법들을 책 속에서 배우며 실천해 나갈 수 있었다. 아직은 그 첫발을 내딛는 단계지만 나도 할 수 있다고 생각하는 것만으로도 나에게는 엄청난 변화의 시작이다.

경제적인 부분뿐만 아니라 정신적 풍요로움도 그렇다. 최근의 나는 팍팍한 현실 속에서 메마른 감정으로 덧칠된 날들의 한가운데에 있었다.

점점 더 삐딱하게 세상을 보고 있는 나를 발견하는 순간이 많아졌다. 그러나 책을 읽어 가면서 나는 부정적인 사람이 아니라는 것, 그런 사람이 되고 싶지 않다는 것을 알게 되었다. 책 속에서 긍정적인 마음의 중요함을 배웠고 그런 생각을 유지할 방법을 실천해 나갔다. 마음을 바꿔 먹자 전혀 다른 삶이 시작되는 것을 느낄 수 있었다.

이렇게 나는 독서와 독서 기록을 통해 나를 알아갈 수 있었다. 나를 안다는 것은 나만의 기준이 있다는 것이고 다른 사람과 비교할 필요가 없다는 뜻이다. 다른 사람을 부러워하거나 질투할 필요가 없다. 자기 기준이 없는 사람은 다른 사람과의 비교를 통해 자신의 위치를 파악하지만, 자신의 기준이 확실하다면 비교 대상은 오직 나뿐이기 때문이다.

책을 읽으면 기록해야 한다. 기록해야 지나온 길을 다시 돌아볼 수 있고 그 길을 돌아봄으로써 앞으로 나아갈 길을 찾을 수 있다. 기록을 남기지 않으면 그 책은 곧 우리 기억에서 사라지는 것과 동시에 지나온 길은 안개 속으로 숨게 되고 나아갈 길이 어느 방향인지 찾을 수 없게 된다. 그래서 독서 기록은 책을 읽고 기록함으로써 진짜 나를 찾아 떠나는 삶의 나침반이 된다.

한 달에 한 권은 같은 책을 읽어라

'천 권 가족 프로젝트'에서 내가 가장 좋아했던 것이 '우리 가족 이달의 책'이었다. 모든 가족이 함께 읽을 만한 책을 매월 한 권씩 골라 같이 읽는 것이다. 단순히 읽는 행위만 함께하는 것이 아니라 똑같은 책을 읽으며 그 내용까지 공유하는 데에서 가족 독서가 한층 깊어지는 느낌을 받을 수 있었다.

'우리 가족 이달의 책'은 도서 선정이 중요하다. 아이와 함께 읽을 책이다 보니 아이에 맞출 수밖에 없지만, 어른의 선호나 관심사도 반영하는 것이 좋다. 우리는 매월 한 권씩, 지난 1년간 12권을 함께 읽었는데 그 목록은 다음과 같다.

『최고의 행복 수업』(서지원), 『어린이를 위한 시골 의사 박경철의 아름다운 동행』(박경철), 『어린이를 위한 꿈 꾸는 다락방』(이지성), 『어린이를 위한 생각 정리의 힘』(김현태), 『질문하는 경제사전』(석혜원), 『습관

부자가 된 키라』(박현숙), 『이상한 과자 가게 전천당 1』(히로시마 레이코), 『지선아 사랑해』(이지선), 『돈이 자라는 나무』(박정현), 『어린이를 위한 청소부 밥』(토드 홉킨스, 레이 힐버트), 『제인 에어』(샬럿 브론테), 『이방인』(알베르 카뮈)

우리 부부가 읽고 좋았던 책 중에 어린이용으로 나온 책들을 함께 읽기도 했다. 보통 '어린이를 위한~'이라는 제목들이었는데 내가 유익하게 읽었던 『꿈꾸는 다락방』이나 『아름다운 동행』 등이 어린이용으로 나온 책이었다.

『제인 에어』나 『이방인』 등은 유명한 작품이지만 감히 읽어볼 엄두를 내지 못했는데, 청소년 문고를 아이와 함께 읽으니 내용을 이해하기가 쉬웠다. 오히려 처음부터 원작을 읽는 부담을 덜고 쉽게 작품에 접근하는 기회가 되었다.

아이가 좋아하는 책을 선택해서 같이 읽기도 했다. 아이가 좋아하는 일본 작가 히로시마 레이코의 『이상한 과자 가게 전천당 1』이 그랬다. 아이가 가장 좋아하는 책으로 시리즈로 나온 것이 지금까지 18권인데 모두 사서 열 번도 넘게 읽었다. 이렇게 좋아하는 작가가 있고 그 작가가 쓴 책을 사랑하는 딸이 부럽기도 했다. 이 책은 신비한 과자가게 전천당에서 펼쳐지는 이야기를 엮은 책인데 '이달의 책'이라 읽어봤지만, 나로서는 전혀 재미를 느낄 수는 없었다. 하지만 책을 읽으며 우리 아이가 왜 이 책을 좋아하는지에 대해 생각할 기회가 되었다.

어린이 경제 책으로 『질문하는 경제사전』, 『돈이 자라는 나무』를 읽었는데 아이와 함께 돈에 대해 공부하고, 경제에 관심을 두고 서로 이야기할 수 있어서 좋았다.

이렇게 매월 한 권씩 같은 책을 함께 읽으며 서로에 대해 더 알아가는 기회가 되었다. 사실 가족이라고 해도 서로의 생각이 어떤지에 대해 이해하려는 노력이 많지 않다. 특히 자녀가 커가면서 부모와 단절되고, 덩달아 부부 사이에서도 대화가 끊기는 가정이 많다. 이런 경우를 살펴보면 대부분 대화의 공통 소재가 없기 때문이다.

그런데 '우리 가족 이달의 책'은 매월 한 권씩 같은 책을 읽기에 공통된 대화 주제를 가질 수 있다. 아이가 좋아하는 책을 읽으며 아이가 왜 이 책을 좋아하는지에 대해 생각해 볼 수 있다. 아이는 우리가 추천한 책을 읽으며 왜 엄마, 아빠가 이 책을 나에게 읽으라고 했는지에 대해 궁금해하며 책을 읽었다고 한다. 서로에 대한 이해의 폭이 넓어진다.

'이달의 책'은 책을 꾸준히 읽어 가는 동력이 되기도 했다. 이번 달 안에 가족 모두가 꼭 읽어야 한다는 약속이기 때문에 어쨌든 읽어야만 할 책이다. 책을 읽기 싫어 꾸물댈 때, 읽을 책을 정하지 못했을 때 어차피 읽어야 할 이달의 책을 읽는다. '어차피 읽기로 약속한 책이니까 이거 먼저 읽자!' 하며 이달의 책을 손에 잡게 된다. 다른 식구들이 다 읽었는데 나만 읽지 않았다는 압박감도 느끼게 된다. 이렇게 매월 한 권씩, 1년 동안 가족과 함께 읽은 책이 12권이나 된다.

아이가 어릴 때 부모들은 아이에게 책을 읽어준다. 아이의 첫 독서는 부모와 함께하는 독서일 수밖에 없다. 아이가 스스로 글을 읽게 되고 책 읽기 독립을 하면서 부모와 함께 책 읽는 모습을 찾아보기 힘들다. 이 과정에서 부모가 같은 책을 골라 함께 읽고 대화를 나눌 수 있다면 그 가족은 독서 가족이 될 수 있고, 그런 가정에서 자라난 아이는 책을 좋아하는 사람이 될 것이 틀림없다.

매월 한 권, 가족과 함께 책 읽기를 하며 중요한 것 중 하나는 읽기와 더불어 말하기다. 가족과 함께 독서하며 책에 관해 이야기하는 것은 책 읽기의 폭을 넓힌다. 그 책에 대해 각자가 이해하고 생각하는 부분을 서로 이야기하며 그 책에 대한 이해의 정도가 깊어진다.

예전에는 특별한 대화 없이 지나가는 시간이 이제는 책 이야기로 꽃을 피운다. 우리 가족의 책 이야기는 밥을 먹으며 하기도 하고, 차를 타고 가는 중에 하는 경우도 많다. 최근에 읽었던 책의 줄거리에 대해서 들려주기도 하고, 책 속에서 만난 재미있는 내용이나 흥미로운 인물에 대해서도 이야기한다. 특히 자기계발서나 심리학 책에는 우리에게 생각할 거리를 주는 다양한 실험이나 에피소드가 많이 나온다. 책을 읽으며 발견한 좋은 문구를 함께 나누기도 하고, 읽었던 책 중에 좋은 책을 서로 추천하기도 한다. 자연스럽게 책에 대한 관심이 이어지고 다시 책을 읽어가는 흐름이 계속된다.

가족 간의 대화는 기본적으로 의사전달의 과정으로 다른 사람과의 인간관계를 형성하며 상호관계를 맺는 사회화의 기초적 학습 과정이다. 결국, 인간은 대화를 통해 사회적 존재로 성장해 간다. 대화의 과정은 전달자(sender)와 수신자(receiver), 이들 사이를 연결하는 수단인 신호(symbol)로 구성되는데, 일반적으로 대화의 신호는 여러 가지가 있겠지만 주로 대화의 빈도, 감정의 표시, 취미의 공통성이 있다. 가족과 책을 읽고 대화하기는 이러한 신호를 모두 충족시킨다.

가족 간의 대화는 서로가 가진 지식을 공유·확대하고, 자녀가 사회로 나가기 전 교육의 장이 되는 것은 물론 가족생활의 즐거움을 더해준다.

책을 읽고 토론하는 것은 가족 대화의 풍부한 재료가 된다. 책을 계속 읽어 갈수록 가족 간의 대화 소재는 끝없이 공급된다. 이처럼 가족 간의 독서 토론이 습관화되면 책을 읽으면서도 가족들에게 들려줄 이야기를 찾게 된다. 책을 읽는 또 하나의 목적이 되는 셈이고 책을 읽는 재미도 함께 늘어난다.

많은 부모들이 독서가 중요하다고 생각하고, 우리 아이가 책을 많이 읽기를 바란다. 그러면서 100권짜리 전집을 사서 책장에 꽂아주고 독서 토론·논술 학원에 아이들을 보낸다. 그러나 이런 활동에 자발적으로 즐겁게 참여할 수 없다면 아이가 책과 가까워지는 것은 요원한 일이 될 수밖에 없다.

아이가 책을 읽도록 하는 가장 좋은 방법은 부모가 함께 읽는 것이다. 같이 책을 읽고 이것을 재료로 대화의 장을 만들어 보자. 아이들은 부모와 이야기하고 싶어서라도 책을 읽게 된다. 그러나 아이에게 책을 읽혀야 한다고 부모가 억지로 책을 들어서는 안 된다. 부모도 즐거워야 한다. 억지로 해서는 몇 달은커녕 며칠도 계속하기 어렵고, 아이들도 이런 분위기를 금방 눈치챈다.

온 가족이 즐거운 마음으로 책을 읽을 때 꾸준하게 책 읽기를 이어갈 수 있고, '천 권 가족'의 목표도 이룰 수 있다. 또한, 독서를 통해 대화의 계기가 많아지게 되고 이것이 바로 행복한 가족의 기둥이 될 것이라고 믿어 의심치 않는다.

때로는 독서 여행을 떠나자

우리는 맞벌이에 주말 부부라서 함께하는 시간이 늘 부족하다. 그래서 우리는 함께 보낼 수 있는 시간을 최대한 잘 보내기 위해 노력한다. 가족 여행도 시간을 알차게 보내는 방법이다. 여행을 자주 가는 편은 아니지만 주로 주말을 이용해 당일이나 1박으로 종종 다녀오곤 한다. 이렇게 떠나는 가족여행은 생활의 활력소가 되기에 충분하다. 바쁜 일상에서 잊고 지낸 여유로움을 한껏 누리기도 하고 낯선 환경 속에서 우리의 새로운 모습을 찾기도 한다.

우리 가족이 책을 읽기 시작하며 가족여행의 모습도 독서 여행으로 진화했다. 가족의 공통 관심사가 책으로 옮겨가면서 여행에도 책을 접목하기 시작했다. 우리 가족의 독서 여행은 두 가지 형태인데 하나는 책을 읽고 떠나는 여행이고, 다른 하나는 책을 읽기 위해 떠나는 여행이 그것이다. 책을 읽고 떠나는 여행은 책이 출발지가 되고 책을 읽기 위해 떠나는 여행은 책이 목적지가 된다.

책을 읽고 떠나는 여행은 책 속에 나온 장소를 직접 찾아가 보거나 작가의 고향 또는 기념관을 찾아가는 것이다. 우리가 평소에는 알지 못하지만, 관심을 두고 찾아보면 지역마다 그 지역을 대표하는 작가가 있고 그들의 문학관이 많이 세워져 있다. 대부분 작가의 고향이나 작품의 배경이 되는 곳에 있어서 작품 속 배경을 실제로 보고 느끼는 동시에 작품과 작가에 관한 살아 있는 공부도 할 수 있다.

다음은 우리 가족이 지금까지 가보거나 앞으로 가보고자 하는 문학관들이다. 하동의 박경리 문학관, 춘천의 김유정 문학촌, 평창의 이효석 문학관, 양평의 황순원 문학관, 옥천의 정지용 문학관 등이다. 한국 근현대 문학을 대표하는 작가들의 작품을 읽고 그 배경을 거닐고, 문학관을 경험한다.

독서 가족여행의 두 번째 유형은 책을 읽기 위해 떠나는 여행이다. 여행은 복잡한 일상을 떠나 새로운 세상으로 들어가는 설레는 일이다. 이것이 여행의 목적이다. 그러나 우리의 독서 여행에는 책 읽기라는 목적이 하나 더 추가된다. 여행지에 어울릴 만한 책을 고르는 것부터 여행이 시작된다. 낯선 여행지에서 읽는 책의 느낌을 좋아한다. 숙소의 창문 밖으로 바다를 느끼며 다리를 쭉 뻗고 읽는 독서를 좋아한다. 여행과 함께 책의 마지막 장을 덮는 순간을 추억으로 남길 수 있어 더 소중한 시간이다.

지난 여름휴가는 서울에 있는 호텔을 숙소로 잡고 여행을 갔다. 그러나 장마철이라 밖에는 계속 기록적인 폭우가 내렸다. 우리는 호텔 안에서 책 읽고 수영하고 맛있는 음식을 먹으며 독서 여행을 즐겼다. 책과 함께 최고의 북캉스를 보내며 멋진 휴가를 보낼 수 있었다.

소설가 김영하는 그의 책 『여행의 이유』에서 어둠이 빛의 부재라면 여행은 일상의 부재라며 다음과 같이 말하고 있다.

자기 의지를 가지고 낯선 곳에 도착해 몸의 온갖 감각을 열고 그것을 느끼는 경험. 한 번이라도 그것을 경험한 이들에게는 일상이 아닌 여행이 인생의 원점이 된다.

우리 가족에게는 독서 여행이 새로운 삶을 만들어 가는 원점이 되어주었다. 가족과 함께 여행지에서 책을 읽고 우리를 다시 바라보는 경험을 통해 다시 인생을 꾸려가는 출발선에 설 수 있다.

여행이 익숙한 환경에서 벗어나 낯선 곳에 나를 던짐으로써 자신을 더 잘 볼 수 있게 하는 것처럼, 독서도 책 속의 새로운 경험을 통해 우리를 알아가도록 해준다.

독서 여행을 자주 갈 수 없기에 우리는 카페로 독서 여행을 떠나기도 한다. 우리 가족은 주말마다 도서관을 찾아 일주일 동안 읽을 책을 빌리고 열람실에서 같이 책을 읽는다. 도서관은 조용하게 집중해서 책을 읽기에 좋은 공간이지만 역시 한 시간이 넘어가면 금세 지루해지는 것은 어쩔 수 없다. 그러면 우리 가족은 도서관을 나와 근처 카페를 찾는다.

커피 향기는 책과 참 잘 어울리는 조합이다. 따뜻한 커피 한잔을 앞에 두고 등받이가 편한 의자에 기대어 책을 읽는다. 커피 향과 함께 잔잔히 깔리는 배경음악도 책 읽는 풍경을 아름답게 한다. 카페는 기본적으로 사람들이 만나 차를 마시고 대화하는 공간이다. 그러므로 사람들의 말소리가 웅성웅성 들리는데 나는 이 소리가 책 읽기를 방해한다는 생각보다는 오히려 조금은 들뜬 마음으로 책을 읽을 수 있어 심심하지 않아 좋다.

카페에서 우리 부부는 주로 아메리카노를 주문한다. 따뜻한 커피와 차가운 커피를 두고 고민하긴 하지만 메뉴에 대한 고민은 별로 없다. 딸의 메뉴는 매번 바뀐다. 나는 이름도 잘 알 수 없는 다양한 음료를 시키며 맛보기를 좋아한다. 커피를 한입 마시면 쓰고 구수한 맛이 온몸에 퍼지는 것을 느낀다. 카페인이 나를 깨어나게 하는 기분인데 책 속으로 더 빠져들게 하는 요소가 된다.

카페에서의 책 읽기는 도서관의 그것과는 사뭇 다르다. 조용한 분위기에서 오로지 책에 집중하는 독서는 도서관에 어울린다. 조금은 떠들썩하지만 묘한 들뜸을 주는 카페 독서는 감각적이다. 우선 카페에 들어가면 커피 향이 후각을 깨우고, 사람들의 이야기 소리가 청각을 자극하고 커피 한잔이 미각을 돋운다. 이제 눈으로 책을 보고 손가락으로 책장을 넘기며 시각과 촉각까지 동원하면 오감이 만족하는 우리 가족 카페 독서가 시작된다.

책 속의 의미 있는 문장 하나를 찾아내 커피 한 모금과 음미하거나 작품 속 주인공의 대사를 마음에 담고 커피 향기 속에서 되새겨보는 묘미가 있다.

책과 어울리는 멋진 카페를 찾아다니는 일도 재미있다. 우리 가족은 규모가 크거나 유명해서 사람들이 북적대는 곳은 별로 좋아하지 않는다. 오히려 동네 구석에 조그맣게 숨어 있는 조용한 카페를 좋아한다. 사람이 많이 찾지 않아 음료 한잔으로 오랫동안 머물러도 눈치가 보이지 않는 장소가 좋다. 가끔은 차를 타고 나가 외곽의 멀리 있는 카페를 찾아나서기도 한다. 여행인 듯 아닌 듯 낯선 곳에서 카페 독서는 계속된다.

귀로 듣는 독서, 마우스로 넘기는 책장

문화체육관광부가 실시한 〈2021 국민 독서실태 조사〉 결과에서 독서량을 살펴보면 우리나라 성인은 평균 4.5권, 초·중·고 학생은 34.4권을 읽는다. 2019년 조사 때보다 성인은 3.0권, 학생은 6.6권 감소했다.

독서량과 함께 독서율도 조사했다. 독서율은 1년간 교과서·학습참고서·수험서를 제외한 일반도서를 한 권 이상 읽은 사람의 비율을 의미하는 것으로 성인 47.5%, 학생 91.4%로 나타났고 이 역시 2년 전보다 8.2%P, 0.7%P 감소하였다.

시대가 변화며 우리가 접하는 독서 수단이 다양해졌고, 새롭게 등장한 독서 매체의 비중도 점차 늘어나고 있다. 성인의 연간 독서율은 종이책 40.7%, 전자책 19.0%, 오디오북 4.5%였다. 이는 직전 조사인 2019년 대비 종이책은 11.4%P 감소했지만, 전자책과 오디오북은 각각 2.5%P, 1.0%P 증가했다. 종이책을 읽는 사람은 줄고, 전자책이나 오디오북을 듣는 사람이 늘어난 것이다. 이는 학생도 비슷한 결과를 보였다.

우리가 흔히 e-book이라고도 부르는 전자책은 컴퓨터, 스마트폰, 태블릿PC 등을 이용하여 전자기기 화면을 통해 읽는 책이고, 오디오북은 일반도서를 음성으로 읽어주는 것을 말한다.

우리 가족은 종이책을 가장 많이 읽는다. 특히 딸아이는 100% 종이책만 읽는다. 그러나 우리 부부는 전자책과 오디오북도 많이 읽는다. 나의 경우 '천 권 가족 프로젝트'를 진행하며 읽은 232권을 분석해 보면 종이책이 136권(58.6%), 전자책이 67권(28.9%), 오디오북이 29권(12.5%)이었다. 전자책과 오디오북이 거의 절반을 차지했는데 생각보다 많아서 놀랐다.

전자책은 회사 사무실에서 주로 활용한다. 그러나 일과 시간에 일을 안 하고 컴퓨터 화면으로 책이나 읽고 있는 것은 아니다. 점심시간이나 근무 전후의 자투리 시간을 활용하여 읽는다. 이 책을 읽는 독자에게도 회사 일을 뒷전으로 하고 전자책으로 독서하라고 권하는 것은 절대 아니다. 어디까지나 직장인이라면 회사가 나에게 부여한 임무를 충실히 수행해야 한다. 그런 다음에야 책을 읽고 성장하는 것이 의미 있는 것이지 본업을 뒤로한 채 독서를 통해 자기 계발을 하겠다는 것은 본말이 전도된 것으로 결국에는 내 삶에 마이너스가 되는 일이 아닐 수 없다.

회사에 일찍 출근해 본격적인 업무를 시작하기 전, 점심시간에 밥을 일찍 먹고 남는 시간 등이 바로 전자책을 활용해 회사에서 책을 읽는 시간이다. 이런 시간은 근무 외 시간으로 직원의 휴식이 보장된다. 그러나 아무리 그렇다 하더라도 대놓고 책상 위에 종이책을 꺼내서 책을 읽고 있는 것이 부담스러운 것은 사실이다. 그럴 때 전자책을 읽는다. 컴퓨터 화면에서 마우스로 책장을 넘기며 은밀한 독서를 즐길 수 있다. 전자책은 공공도서관이나 독서 구독 서비스 등을 통해 누구나 쉽게 접근할 수 있다.

오디오북도 내가 즐기는 책이다. 종이책이나 전자책은 눈으로 책을 읽는 데 반해 오디오북은 청각을 동원해 책을 읽는다. 과거 우리 조상들은 소리 내어 책을 읽는 것을 공부의 정석으로 생각했다. 눈으로만 읽는 것보다 내 목소리를 통해 귀로 책의 내용을 다시 들을 때 이해도가 높아진다고 생각했다. 오디오북은 내 목소리는 아니지만, 청각이라는 감각을 통한 독서의 확대라는 면에서 신선한 책 읽기가 가능해진다.

오디오북은 산책할 때 함께하기 좋은 친구다. 산책은 사색을 위해서도 좋은 시간이지만 책을 듣기에도 정말 좋은 시간이다. 걷기 운동을 위해 주로 출퇴근 시간과 점심시간을 이용하는데 오디오북을 듣다 보면 지루할 틈이 없다. 책에 집중한 나머지 오늘 걸어오며 무엇을 봤는지 기억이 없을 때도 있지만 그래도 책 내용이 머릿속에 남는다.

차를 타고 이동하는 시간도 오디오북이 필요하다. 나 같은 경우는 장거리 운전을 하는 경우가 많은데 한 시간 이상 운전해 가는 동안 오디오북으로 책을 듣는다. 오디오북은 책마다 재생 시간이 천차만별인데 짧게는 2~3시간부터 길게는 10시간이 넘는 것도 있다. 그러나 걷거나 차로 이동하는 시간을 잘 활용하면 아무리 두꺼운 책도 일주일이면 충분히 들을 수 있다.

여전히 나는 종이책을 읽는 것이 가장 친숙하고 좋다. 종이에 박힌 글자들을 한자씩 읽어 나갈 때 독서의 참맛이 살아난다고 느낀다. 그러나 최근에는 모니터로 전자책을 읽고, 이어폰으로 오디오북을 듣는 것이 독서를 즐기는 새로운 방법이 되었다. 이런 새로운 접근이 나의 독서 생활에 새로운 활력을 준다. 집밥은 언제나 최고지만 가끔 먹는 외식이 맛있는 이유와 같다.

책과 담쌓았던 우리 가족은 어떻게 1년 만에 1,000권을 읽었을까

제4장

가족과 함께 읽는 것이
인생을 바꾸는 힘이다

책이란 무릇 우리 안에 있는
꽁꽁 얼어버린 바다를 깨뜨리는 도끼가 되어야 한다.

카프카(1883~1924, 체코 소설가)

책과 담쌓았던 우리 가족은

어떻게 1년 만에
1,000권을 읽었을까

1년에 1,003권을 읽다

'천 권 가족 프로젝트'와 함께한 365일이 지났다. 과연 우리 가족의 프로젝트는 성공했을까? 몇 권이나 읽었을까? 이제 결과를 공개해야 할 때다.

우리 세 식구는 지난 1년간 1,003권의 책을 읽었다. '천 권 가족 프로젝트'는 성공했다. 우리 가족이 일궈낸 성공이 너무나 자랑스럽고 감격스러웠다. 1년 동안 1,003권이면 매월 83.6권을 읽은 셈이고, 매일 2.7권을 읽은 것이다. 실제로 기록을 봐도 12개월 동안 매월 적게는 72권에서 많게는 95권까지 읽었다.

개인별로 살펴보면 내가 230권 목표에 232권, 아내가 70권 목표에 82권, 딸이 700권 목표에 689권을 읽었다. 딸이 목표 대비 11권 미달이었으나 나와 아내가 목표보다 14권을 더 읽어 최종적으로는 1,003권을 달성할 수 있었다.

나의 독서실적을 조금 더 자세히 분석해 보자. 나는 1년 동안 232권을 읽어 목표인 230권보다 2권을 초과 달성했다. 1년간 내가 읽은 책을 분야별로 나눠보면 자기계발서가 112권으로 48.3%를 차지해 가장 많았고, 경제경영서가 68권으로 29.3%이었으며, 인문서 14권, 소설 9권, 시 · 에세이가 8권 순이며, 건강 등 기타 서적이 21권이었다.

나만의 별표 평가 방식에 의해서 읽은 책들을 나눠보면 최고점 별 다섯 개를 받은 책은 6권(2.6%)이었고, 별 네 개가 44권(19.0%), 별 세 개가 120권(51.7%), 별 두 개가 56권(24.1%)이었으며, 별 하나도 6권(2.6%)이었다. 이렇게 내가 읽은 책을 수치로 분석할 수 있었던 것은 앞서 이야기한 바와 같이 독서 기록을 꼼꼼하게 남겼기 때문이다.

별 다섯 개를 받은 영광의 주인공을 소개하고 싶다. 여섯 권 중 한 권을 두 번 읽었기 때문에 총 5권의 책이다. 『2억 빚을 진 내게 우주님이 가르쳐 준 운이 풀리는 말버릇』(고이케 히로시)은 독서 초기 만난 책으로 부정적인 마음이 가득했던 내게 긍정적인 생각의 빛을 주었고, 긍정의 말 습관을 실천할 수 있게 해주었다. 『1페이지 꿈 지도』(류시천)는 꿈 없이 지내던 우리 가족이 새롭게 꿈을 찾고 꿈을 향해 나아갈 수 있도록 힘을 주었고, 『당신의 소중한 꿈을 이루는 보물지도』(모치즈키 도시타카)는 꿈을 구체적으로 시각화하여 꿈에 한 발 더 다가갈 수 있도록 도와주었다. 『인생의 차이를 만드는 독서법, 본깨적』(박상배)은 내 책 읽기의 수준을 한 단계 올려주었고 실천 독서의 중요성을 일깨워 주었으며, 『나는 오늘도 경제적 자유를 꿈꾼다』(유대열)는 치열하게 목표를 향해 나아가는 저자의 모습을 보고 배우며 우리 가족도 경제적 자유를 꿈꿀 수 있게 되었다.

별 네 개나 세 개를 받은 책 중에도 정말 좋은 책이 많았지만, 그 당시 나에겐 이 책들이 만점이었다. 그러나 책에 대한 평가는 정말 개인적인 것이다. 나에게는 별 다섯 개지만 누군가에게는 별 두 개도 받지 못할 책이 될 수도 있다. 반대로 다른 사람이 낮게 평가한 책이 나에게는 별 다섯 개의 책일 수도 있다. 그럼에도 여기서 이 책들을 소개한 것은 책을 읽고 나름대로 평가하는 것이 필요하다고 강조하는 것이며, 이 책 속에서 다음에 읽을 책을 찾는 독자를 위한 꼬리에 꼬리를 무는 독서 목록에 참고가 되기를 바라는 마음에서다.

결국, 우리는 해냈다. 우리 가족 최초의 프로젝트에서 당당하게 성공했다. '천 권 가족 프로젝트'의 성공은 벅찬 감동이 아닐 수 없었다. 온 가족이 똘똘 뭉쳐 프로젝트를 해냈다는 기쁨과 자긍심으로 짜릿하고 뜨겁게 차올랐다. 나는 '천 권 가족 프로젝트'의 성공을 자축하며 가족들에게 편지를 보냈다. 프로젝트를 시작하며 출정 편지를 보낸 지 딱 1년 만이었다.

존경하는 가족 여러분!

'천 권 가족 프로젝트'가 성공했습니다. 매우 뜻깊고 기쁜 일입니다. 프로젝트 시작 무렵인 작년 10월만 해도 저는 이 프로젝트의 성공을 의심했습니다. 과연 우리가 해낼 수 있을까? 머지않아 포기하지는 않을까? 그러나 우리는 과감하게 도전했고 당당하게 성공했습니다. 우리 가족 모두가 한마음 한뜻으로 힘을 모아 최선을 다했기에 가능한 일이었습니다. 가족 여러분께 진심으로 감사드립니다. 그리고 함께 축하합니다.

지난 1년간 우리는 1,003권의 책(여운현 230, 여채윤 689, 정미연 82)을 읽었습니다. 참으로 놀랍고 대단한 기록입니다. 감격스럽고 자랑하고픈 숫자입니다. 매월 83.6권을 읽은 셈이고 하루에 2.7권을 읽은 셈입니다.

그러나 '천 권 가족 프로젝트'는 단지 몇 권의 책을 읽었다는 숫자 이상의 성과를 거두었습니다. 이 프로젝트를 통해 우리 가족은 독서 습관을 뿌리내릴 수 있었습니다. 매일 책을 읽었고, 매주 도서관에서 책을 빌렸고, 매월 서점에서 책을 샀습니다. 하루도 책을 읽지 않은 날이 없다고 자부할 만큼 우리는 책 읽는 가족이 되었습니다.

독서 습관의 힘은 그대로 우리 가족의 힘이 되었습니다. 독서를 통해 긍정과 감사의 마음을 키울 수 있었고 밝은 미래를 그릴 수 있었습니다. 책 속에만 머무르는 책 읽기가 아니라 실제로 우리의 삶을 바꾸는 독서를 지향하며 읽고 실천했습니다. 새로운 꿈이 생겼고 꿈에 오르는 사다리를 놓아가고 있습니다. 가족의 행복을 위해 경제 공부를 하고 '부자계획'을 세워 한 걸음씩 나아가고 있습니다.

행동은 행동을 바탕으로 나옵니다. 성공도 성공 위에 쌓입니다. 오늘 이 프로젝트의 성공으로 우리 가족은 위대한 첫 번째 성공 도미노를 힘차게 넘어뜨렸습니다. 오늘 '천 권 가족 프로젝트'의 성공을 시작으로 우리는 더 큰 성공의 도미노를 이어갈 것입니다.

'천 권 가족 프로젝트'에 이어 추진할 2개의 프로젝트를 소개합니다. '튼튼 가족 프로젝트'와 '부자 가족 프로젝트'입니다. '천 권 가족 프로젝트'를 통해 성공의 발판을 튼튼히 했다면 이를 바탕으로 '튼튼 가족 프로젝트'로 가족의 건강을 챙기고, '부자 가족 프로젝트'로 가족의 부를 일궈 가려 합니다. 3대 프로젝트를 통해 '잘 사는 우리 집, 행복한 우리 가족'이라는 비전을 기필코 완성하겠습니다. 아울러 '천 권 가족 프로젝트'는 종료되었으나 우리 가족의 독서는 앞으로도 더 치열하게 계속되어 양대 프로젝트의 뿌리가 될 것입니다.

지난해 10월 1일, 프로젝트의 출발선에서 저는 헨리 포드의 명언을 인용했습니다. "할 수 있다고 생각하면 할 수 있고, 할 수 없다고 생각하면 할 수 없다." 오늘 다시 한번 이 말을 되새기겠습니다. '할 수 있다'는 강한 신념으로 모든 어려움을 이겨내고 앞으로 다시 나아갈 것을 힘차게 건의합니다. 다시 시작합시다! 함께 나아갑시다!

'천 권 가족 프로젝트'의 성공을 다시 한번 자축하며, 지난 1년 가족 여러분의 노고에 격려와 감사의 말씀을 드립니다. 감사합니다.

편지와 더불어 내가 만든 '천 권 가족 인증서'도 전달했다. 우리 스스로 우리 가족을 '천 권 가족'으로 인정하는 증표였다. 프로젝트의 성공으로 우리 가족은 해냈다는 성취감을 선물로 받았다. 가족이 함께 무언가에 집중해서 이뤄낸 성공은 우리 가족의 엄청난 자부심이 되었다. 꾸준히 1년 동안 책을 읽어 가며 결국 목표에 도달해 낸 소중한 성공 경험은 두고두고 우리 가족에게 큰 자산이 될 것이 확실하다.

목표를 정하고 이를 이루기 위해 힘을 합쳐 전진해 나가는 과정 자체가 이미 그 무엇과도 바꿀 수 없는 값진 성과였다. 이러한 경험을 통해 가족이 서로 합심해서 노력한다면 어떠한 일이라도 해낼 수 있다는 자신감을 갖게 되었다.

또한, 공동의 목표를 성취하는 과정에서 가족이 하나 되는 것은 물론이다. 구성원 각자가 밀가루처럼 흩날리는 것이 아니라 밀가루 반죽과 같이 하나로 똘똘 뭉치게 된다. 밀가루로 반죽하기 위해서는 물이 필요한데, 우리에게 이 물이 바로 '천 권 가족 프로젝트'였다.

2mm 크기의 벼룩은 자기 몸의 100배인 20cm까지 점프할 수 있다고 한다. 그러나 유리컵을 뒤집어 그 안에 벼룩을 가두게 되면 몇 번 뛰다가 포기하고 만다. 아무리 뛰어도 유리컵에 막혀 나갈 수 없다는 것을 알게 되었기 때문이다. 나중에 컵을 치워도 벼룩은 점프하지 않는다.

어린 시절 말뚝에 메인 사슬에 다리를 묶인 코끼리는 몇 번 탈출을 시도하지만 실패한다. 어른이 된 코끼리는 이 정도 말뚝은 손쉽게 뽑을 만큼 힘이 세졌지만, 결코 말뚝을 뽑고 도망갈 생각을 하지 못한다.

벼룩과 코끼리가 스스로 자신을 제한하고 가둔 것은 학습된 무기력 때문이다. 어쩌면 우리 가족은 지금까지 벼룩이나 코끼리처럼 학습된 무기력에 빠져 있었던 건 아닐까? 그러나 우리는 '천 권 가족 프로젝트'의 성공 경험을 통해 학습된 무기력이라는 유리천장을 깨고, 말뚝을 뽑아 다른 성공을 향해 나아갈 수 있었다.

< 천 권 가족 인증서 >

★

천 권 가족 인증서

1003

2021. 10. 1. ～ 2022. 9. 30.

정미연 · 여채윤 · 여운현

우리 가족은 책을 사랑하고

독서 습관을 뿌리내려

1년에 1,000권 읽는 천권가족임을 인증합니다.

책과 담쌓았던 우리 가족은 어떻게 1년 만에 1,000권을 읽었을까

독서 습관은 최고의 유산

부모에게 아이는 목숨만큼이나 소중한 존재이기에 아이가 성장하는 모습을 바라보는 것은 큰 축복이 된다. 이렇게 소중한 아이가 커갈 때 남 부럽지 않은 환경을 제공하고 성인이 된 이후에도 살아가면서 큰 어려움이 없도록 힘이 되어주고 싶은 마음이 바로 부모의 마음이다.

우리가 아이에게 물려줄 수 있는 게 무엇이 있을까? 외모나 키 같은 유전적인 요인도 삶에서 중요하겠지만 이런 것들을 우리가 물려주고 싶다고 해서 마음대로 그렇게 할 수 있는 것은 아니다. 큰 재산을 물려주면 좋겠지만, 알다시피 이것도 쉽지 않은 일이다.

독서 습관은 어떤가? 독서 습관은 우리가 노력하면 물려 줄 수 있지 않을까? 독서를 통해 아이는 꿈을 찾고 그 꿈을 실현해 나가는 힘을 얻을 수 있다. 살아가면서 마음이 흔들릴 때나 어떠한 문제에 직면했을 때 책을 통해 마음을 다잡고 문제에 대한 해답을 찾는 방법을 배울 수 있다.

책을 읽으며 삶의 의미를 찾아 자기 인생을 주도해 나갈 수 있다. 그래서 책을 읽는 습관은 우리가 아이에게 줄 수 있는 최고의 유산이다.

나폴레온 힐의 『성공학 노트』에서는 우리가 모두 습관의 희생물이라고 말하며 어린 시절 습관의 중요성을 강조하고 있다. 특히, 부모가 자식을 키울 때 TV 보는 습관이 아니라 독서 습관을 물려줘야 한다고 강하게 역설한다.

부모가 책 읽는 모습을 보여주는 것, 아이와 함께 도서관에 가는 것, 서점에서 같이 책을 고르는 일, 어려움에 부딪혔을 때 이를 헤쳐 나가는 방법을 책 속에서 찾을 수 있다는 경험을 나누는 것이 사랑하는 아이에게 독서 습관을 물려줄 수 있는 가장 좋은 방법이다.

내가 먼저 책을 읽으며 독서가 삶을 살아가는 데 무엇보다 중요하고 꼭 필요하다는 것을 절실히 느꼈기 때문에 아이에게도 자신 있게 독서를 권할 수 있었다. 다행히 아이도 책을 읽는데 재미를 붙여 잘 따라주었다.

학원 다니느라, 학습지가 많아서 책을 못 읽겠다고 하면 아이에게 선택할 기회를 준다. 다만 학원을 안 다니는 대신, 학습지를 끊는 대신 책을 더 읽어야 한다는 조건이다. 아이는 학원은 다니기로 했고, 학습지는 끊는 대신 책을 조금 더 읽기로 했다. 아이에게 선택할 수 있는 자유를 주고 싶었고 독서가 가장 중요한 일임을 분명히 인지시키고 싶었다.

'천 권 가족 프로젝트'를 진행한 이유 중 하나는 아이에게 독서 습관을 만들어 주기 위해서였다. 초등학교 4학년인 딸아이는 1년 동안 689권을 읽었다. 하루에 2권 정도 읽은 셈이다. 실제로 365일 동안 아이가 책을 읽지 않은 날이 닷새도 채 되지 않았다. 이제 딸은 책 읽기 습관이 확실하게 자리 잡은 듯하다. 그러나 중·고등학생이 되면 학교 공부를 따라가느라 지금처럼 책을 많이 읽기가 만만치 않을 것이다. 나의 바람은 딸아이가 일주일에 한 권이라도 책을 꾸준히 읽는 것이다. 어른이 되어서도 책을 손에서 놓지 않는 것이다. 그렇기 위해서는 지금부터 독서 습관을 더 튼튼하게 만들어야 한다.

2019년 말 중국에서 시작된 코로나19로 어려움을 겪는 분들이 많았다. 직접 감염된 사람과 가족들은 물론 이들을 치료하는 의료진, 방역 관계자들의 노고가 컸다. 자영업자와 소상공인의 어려움도 많았다. 이제 코로나19라는 긴 터널이 끝나는 것 같아 참으로 다행스러운 일이 아닐 수 없다.

코로나19는 침방울이 호흡기나 눈·코·입의 점막으로 침투되어 전염

된다고 알려졌는데, 약 2주간의 잠복기를 거친 뒤 발열과 기침 등 호흡기 증상이 주로 나타났다. 그 당시 매일 발표되는 코로나19의 주요 통계 수치가 뉴스거리였는데 확진자 수와 함께 표시되는 감염 재생산 지수를 중요하게 보도했다. 감염 재생산 지수는 1명의 확진자가 추가 감염을 일으키는 정도를 말하는데 만약 이 지수가 1.5라면 1명의 확진자가 1.5명을 감염시킨 것으로 유행이 지속하고 있다고 판단할 수 있다.

슈퍼 전파자라는 말도 이때 나왔는데 일반적인 감염자보다 더 많은 2차 감염을 일으키는 감염자를 말한다. 대부분 감염자는 전파 가능성이 작지만, 일부 슈퍼 전파자의 높은 전파 가능성을 제대로 차단하지 못한다면 전염이 폭발적으로 일어날 수 있다. 슈퍼 전파자의 감염 재생산 지수는 당연히 일반 감염자보다 높다. 정확히 몇 명 이상을 감염시켜야 슈퍼 전파자라고 하는지에 대한 정의는 명확하지 않지만, 중국의 한 연구 결과에 의하면 일반 감염자의 감염 재생산 지수가 2.6이라고 하니 이 이상이라면 슈퍼 전파자라고 말할 수 있다.

코로나19와는 전혀 다른 이야기지만 독서도 전염이 된다. 독서에도 재생산 지수를 측정할 수 있다. 전염병에서의 감염 재생산 지수는 낮을수록 좋다. 그래야 확산이 더디고 전염병을 막기 위한 당국의 조치도 효과적으로 이뤄질 수 있다. 그러나 독서 재생산 지수는 높을수록 좋다. 나의

책과 담쌓았던 우리 가족은 어떻게 1년 만에 1,000권을 읽었을까

독서가 다른 사람들이 책을 읽게 하는 영향력이기 때문이다.

내가 책을 읽자, 아이가 읽고 아내가 함께 읽기 시작했다. 그리고 몇몇 지인들도 책을 같이 읽기 시작했다. 이렇게 보면 나의 독서 재생산 지수는 5 이상으로 보인다. 코로나19의 기준에 따르면 나도 독서 슈퍼 전파자지만 이 책을 통해 독서 재생산 지수가 세 자리, 네 자릿수로 커지기를 바란다. 그래서 초 슈퍼 독서 전파자가 되기를 희망한다.

독서는 왜 전염이 될까? 우리 뇌 속에 있는 거울 뉴런 때문이다. 거울 뉴런은 다른 사람의 행동을 거울처럼 반영하는 신경 네트워크를 말하는데, 타인의 행동을 보고 있기만 해도 자신이 그 행동을 하는 것처럼 뇌가 활성화되는 것이다.

거울 뉴런은 이탈리아의 신경심리학자인 리촐라티 교수의 원숭이 행동 실험에서 발견했다. 한 원숭이가 다른 원숭이의 행동을 보기만 해도 자신이 움직이는 것과 마찬가지로 반응하는 뇌 속의 뉴런을 발견한 것이다. 독서의 전염이라고 하는 것도 우리의 거울 뉴런이 작용한 결과다. 책을 읽는 가족의 모습을 보며 자신도 책을 읽는 것과 같은 마음, 책을 읽어야겠다는 생각이 저절로 드는 것이다.

코로나19는 확산하면 안 되기 때문에 이를 방지하기 위해 우리는 사회적 거리 두기를 열심히 실천했다. 그러나 독서는 멀리 전염될수록 좋은 것이기에 '거리 두기'가 아닌 '함께하기'가 필요하다. 특히 가족이 함께 모여 책을 읽는 독서는 100% 전염된다. 가족과 함께 책을 읽는 '천 권 가족'이 되려면 우선 내가 먼저 책을 읽고 가족에게 책 읽기를 전염시켜 보자.

책을 읽으며 서로의 꿈을 키워간다

　우리 가족은 책을 읽으며 꿈을 찾았다. 그리고 독서를 통해 꿈을 이뤄 가고 있다. 가족 모두 자신의 꿈을 가지게 되어서 기쁘고 살아 있음을 느끼게 된다.

　꿈은 밥이다. 우리가 살아가기 위해 매일 밥을 먹어야 영양분이 공급되고 신체 활동을 할 수 있는 것처럼 꿈은 인생을 만들어 가는 과정에서 오늘 하루 우리의 에너지 공급원이 된다.

　꿈이란 것은 내가 좋아해야 하고, 잘해야 하고, 즐길 수 있어야 하고, 앞으로도 계속해 나갈 수 있어야 한다. 생각만 해도 가슴 쿵쿵 뛰는 그런 것이어야 한다.

　나는 책을 읽으면 읽을수록 내가 책을 좋아한다는 것을 깨닫게 되었다. 그리고 읽은 내용을 정리하고 다른 사람과 이야기하기를 좋아하게 되었다. 이를 통해 내가 그랬듯이 다른 사람이 독서를 통해 변화하는 데 도움을 주고 싶었다. 그러한 과정이 기대되고 계속하고 싶은 마음이 생겨났다. 그래서 나는 꿈의 키워드를 '독서'로 잡고, 내 꿈을 '책 읽기를 통해 나와 타인의 변화를 이끄는 사람'으로 구체화할 수 있었다.

소중한 내 꿈을 이루기 위해 독서지도사 자격증을 취득했으며, 이 책도 쓰고 있다. 이를 바탕으로 앞으로 독서전문가로서 강연 활동을 하고 독서 모임·단체를 만들고자 하는 목표도 생기게 되었다. 책에서 꿈을 찾았고, 다시 책을 통해 꿈으로 나아가고 있다.

나뿐만 아니라 우리 가족은 모두 책 속에서 꿈을 찾아가고 있다. 아내는 본인이 좋아하는 것을 찾는 데 오랜 시간이 걸렸지만 결국 '꽃'이라는 꿈의 키워드를 찾아냈고 '꽃을 통해 어제보다 아름다운 세상을 만드는 데 이바지한다.'라는 꿈을 만들 수 있었다. 이후 관련된 책을 열심히 읽고, 강의도 열심히 찾아 듣고 있다. 올해는 화훼기능사 자격증도 준비하고 있다.

우리 딸은 아직 꿈을 찾는 중이다. 한동안 가지고 있던 공무원이란 꿈도 다른 꿈처럼 금세 바뀌게 될지도 모른다. 키가 자라는 만큼 꿈도 커지는 당연한 성장 과정이다. 책을 읽어 가며 그 안에서 꿈을 조각하고 그 꿈을 구체적인 형상으로 만들어 나갈 것이다.

책 속에 꿈이 있다는 말은 너무 상투적일까? 그러나 우리 가족은 책을 읽으며 꿈을 찾았다. 책 속에서는 우리가 생각한 꿈을 벌써 이뤄낸 많은 사람이 있었다. 그들을 보며 머릿속에만 존재하던 꿈이 생생하게 살아나게 된다.

이지성 작가는 『꿈꾸는 다락방』에서 '생생하게 꿈꾸면 이루어진다.'는 메시지를 'R = VD(Realization = Vivid Dream)'의 공식으로 표현했다. 생생하게 꿈꾸는 방법이 바로 책이다. 책에는 꿈을 이뤄가는 길이 담겨 있다. 자신의 꿈을 찾았다면 관련된 책들을 찾아 읽으며 꿈과 관련된 정보와 지식을 쌓을 수 있다. 꿈을 이룬 선배들의 경험과 조언을 얻을 수도 있다. 꿈을 향해 가는 굳은 의지도 다질 수 있다.

자신만의 꿈이 있고 이를 이루기 위해 노력해 가는 사람은 언제나 생동감이 넘친다. 꿈이 있으므로 작은 역경에 굴하지 않고 넘어져도 다시 일어나 앞으로 나아갈 수 있다. 그래서 꿈꾸는 가족은 강하고 아름답다. 책을 펴면 문이 열린다. 그 문으로 들어서야 꿈을 향해 한 발 더 다가갈 수 있다. 서로의 꿈을 응원하고 꿈을 향해 함께 나아가는 멋진 가족이 되자.

가족과 함께 꿈을 찾고 만들어 가는 과정에서 꼭 한번 해보기를 권하는 것이 버킷리스트 만들기다. 『결국엔, 자기 발견』의 최호진 작가는 잘나가는 직장인이었지만 번아웃으로 1년간 휴직을 하게 되었는데, 이때 1년 동안 자신이 하고 싶은 일을 100가지의 버킷리스트니 쓰고 하나씩 이뤄갔다. 그 과정에서 작가는 자기가 어떤 사람이며, 무엇을 좋아하고 어떤 것을 바라는지에 관한 질문에 대답을 구할 수 있었고 진정한 자기 발견을 하게 된다.

나 자신도 알지 못하는 막연한 목적지를 향해 우왕좌왕하기보다는 바로 지금 할 수 있는 것들에 집중해 이뤄나가는 것이 중요하다고 저자는 말하고 있다. 자신만의 버킷들을 하나씩 이뤄가며 결국엔 진정한 나를 찾고 내 삶의 의미를 만나는 일이 될 것이다.

작가는 버킷리스트를 '인생의 내비게이션'으로 비유하며 버킷리스트 잘 쓰는 방법을 소개하고 있다. 작고 소소한 것도 좋고, 현재 자신의 능력으로 이루기 어렵다고 생각하는 것도 좋다. 구체적이고 자세하게 적고, 숫자를 넣어 실천력을 높일 수 있따고 말한다. 숙제처럼 억지로 하지 말 것을 당부하기도 한다.

책을 읽고 나도 100가지 버킷리스트를 만들었다. 정말 사소한 소망부터 원대한 포부까지 다양한 버킷이 담겨 있다. 부끄럽지만 몇 가지를 소개하면 다음과 같다.

'천 권 가족 프로젝트' 성공, 내 책 쓰기, 하루 30,000보 걷기, 독서지도
사 자격증 따기, 별똥별 보기, 캘리그래피 배우기, 가족에게 편지쓰기,
가족 보물지도 만들기, 바닷가 산책하기, 독서왕 되기, 헌혈하기, 블로
그 시작하기, 삼국지 읽기, 강의하기, 가족 해외여행, 경매 낙찰받기, 작
가에게 사인받기, 73kg 달성, 외제 차 사기, 하루 금식하기, 혼자 영화
보기, 한라산 등산, 노트북 사기, 유튜브 시작하기 등

100개의 버킷을 쓰고 하나씩 이뤄가며 나는 그 속에서 나를 찾게 되었
다. '나는 진정으로 뭘 원하는가?', '내가 진짜 하고 싶은 것은 무엇인가?'
라는 질문에 대한 답을 찾아가는 과정이기도 했다. 쳇바퀴 돌 듯 회사와
집만 왔다 갔다가 하며 반복되는 일상에서는 결코 생각할 수 없었던 나
를 바라볼 수 있었다.

하나의 버킷을 이루면 버킷리스트를 지우고 성공 인증 사진을 찍어 별
도의 앨범 폴더에 저장한다. 하루 30,000보 걷기에 성공하면 핸드폰에
서 30,111보의 숫자가 찍힌 앱 화면을 캡처해 담아두고, 독서지도사 자격
증을 따면 자격증 사진을 찍어 담아두었다. 헌혈을 하면 헌혈증 사진을

찍어 저장해 놓았다. 앨범에 사진이 하나씩 늘어날수록 내 버킷도 하나씩 성취되어 가고, 그만큼 내 꿈도 목적지에 한 발 더 다가갔음에 설레고 뿌듯하다.

100개의 버킷 중 아직 이루지 못한 것도 많다. 1년 동안 50여 개쯤 이뤘다. 애초 1년을 기준으로 마련한 버킷리스트는 아니었기에 앞으로도 책을 읽으며 버킷을 하나씩 이뤄갈 것이며 또 새로운 버킷들이 하나씩 채워질 것이다.

꿈을 찾고 이뤄가는 과정에서 가족과 함께 버킷리스트를 만들어 보자. 꿈이 더 또렷이 보이게 될 것이다.

읽고 움직여야 독서의 완성이다

누군가가 나에게 가족 독서를 하며 얻은 것 중 가장 값진 것을 하나만 고르라고 한다면 주저 없이 '실행력'을 뽑겠다. 앞서 FATE 독서원칙의 '실천하는 독서'에서도 이미 강조한 바와 같이 우리의 삶을 변화시키는 열쇠는 머리가 아니라 손발에 있기 때문이다. 가고 가고 또 가다 보면 알게 되고, 행하고 행하고 또 행하게 되면 이루게 된다(지지지중지 행행행중성(之之之中知 行行行中成)). 책을 읽으며 실천의 중요성을 깨닫게 되었고 가족과 함께 실행력을 변화의 무기로 장착해 나갈 수 있었다.

우리 가족은 책을 읽으며 실행력을 갖추는 방법을 몇 가지 마련했는데 나름 효과적이어서 여기서 소개하고자 한다. 물론 이런 방법은 모두 책에서 가져오거나 힌트를 얻어 발전시킨 것이다. 이 방법들이 정답이라고 말하는 것이 아니다. 주어진 상황과 여건이 모두 다르므로 이 방법을 참고하여 자신만의 실행력 확보 방법을 만들어 가는 것이 가장 효과적일 것이다.

먼저 최강 실행력을 위해서는 기한을 정해야 한다. 머릿속 떠오른 생각을 언제까지 행동에 옮기겠다는 자신만의 데드라인이다. 이런 점에서 멜 로빈스가 쓴『5초의 법칙』의 메시지는 명확하다.

분명 해야 하는 일이지만 망설여질 때, 마음속으로 5초를 거꾸로 세고 5, 4, 3, 2, 1, Start!

나는 책을 읽고 실천 거리가 생기면 가급적 그날이 끝나기 전에 행동으로 옮기기로 정했다. 나의 실천 기한은 하루이다.

전옥표 박사의『이기는 습관』에서는 승리의 맥을 잡는 22가지 이기는 습관을 소개하고 있는데 그중의 하나가 인사하기였다. 인사를 인간에 대한 첫 번째 예의로 정의하며 상대에 대한 인정이자 존중의 표현이기 때문에 인사를 잘해야 한다는 것이다. 이 책을 읽고 나는 인사에 대해 새롭게 인식하게 되었고 바로 실천하기로 마음먹었다. 기한은 오늘이 끝나기 전이니까 그날 만나는 사람에게 평소보다 더 밝고 적극적으로 인사했다.

마쓰다 미쓰히로가 쓴『청소력』이라는 책에서는 제목처럼 청소의 힘을 강조하고 있다.

주변 상황을 바꾸고, 문제를 해결해 줍니다. 지금의 나에서 새로운 나의 모습으로 다시 태어나고, 자신이 소망하는 인생으로 다가갈 수 있도록 하는 힘이 바로 이 청소력입니다.

청소력을 믿고 이것도 실천하기로 했다. 바로 그날 저녁 책에서 알려주는 청소 방법에 따라 '고맙습니다.'를 외치며 걸레질을 열심히 했다.

인사하기나 청소하기는 아주 사소한 실천 거리다. 그러나 그것이 머릿속 생각으로만 머문다면 며칠 가지 못해 흔적도 없이 사라지게 된다. 그런 책을 읽었는지조차 가물가물해진다. 그 생각을 행동으로 옮기는 실행력을 발휘한다면 그것은 내 몸에 깊게 새겨진다.

물론 그날 바로 실행에 옮기기 어려운 일들도 많다. 이러한 경우라고 하더라도 그날이 끝나기 전에 그것과 관련된 아주 작은 일은 할 수는 있다. 그 아주 작은 일이 실행하기 위한 실마리 역할을 하게 된다.

실행력을 갖추는 또 다른 방법은 실패에 대한 인식을 바꾸는 것이다. 우리가 행동에 나서기를 주저하게 되는 이유는 여러 가지 이유가 있겠지만 가장 큰 부분이 실패할지 모른다는 걱정 때문이다. 그러나 실패는 우리가 실패로 끝내지 않는 이상 최종적인 실패로 확정되지 않는다. 실패는 성공으로 가는 과정일 뿐이다. 그러므로 실패는 성공하기 위해 반드시 거쳐야 하는 단계이며 실패를 거듭할수록 성공에 더 가까이 다가간다고 믿어야 한다.

실패에 대한 걱정이 전혀 없을 수는 없겠지만 과도한 걱정은 실행을 막는 걸림돌이 될 수 있기에 경계해야 한다. 사실 우리가 하는 대부분의 걱정이 쓸데없는 것임을 알아야 한다. 어니 젤린스키는 『모르고 사는 즐거움』이라는 책에서는 우리의 걱정에 대해 40%는 절대 일어나지 않을 일이고, 30%는 이미 일어난 일이며, 22%는 사소한 고민이고, 4%는 우리가 어쩔 수 없는 일에 대한 것이라고 분석했다. 나머지 4%만이 우리가 바꿔놓을 수 있는 일에 대한 걱정이라는 것이다.

우리가 해야 할 걱정은 우리가 바꿔놓을 수 있는 일에 대한 단지 4%일 뿐이다. 다시 말하지만, 실패에 대한 과도한 걱정이 실패를 부른다. 걱정을 내려놓고 가벼워져야 실행에 나설 수 있다.

최강 실행력을 갖추는 마지막 비법은 차근차근 실행 경험을 쌓아가는 것이다. 오늘 어떤 것을 결심해서 실행하는 데까지 성공하면 그것이 아주 작은 일이라 할지라도 내가 해냈다는 자부심과 나도 할 수 있다는 자신감의 원천이 된다. 작은 실행의 성공 경험들은 다음 실행을 하는데 가장 좋은 밑거름이 된다.

　어찌 보면 내 삶을 변화시키는 책 읽기라고 하는 것은 간단하다. 성장하는 독서는 실행력이 담보된 독서다. 책을 읽으며 변화의 단서를 발견했다면 오늘 안에 행동으로 옮기자. 만약 하루 만에 끝낼 수 있는 일이 아니라면 그 일의 실마리가 될 아주 작은 일이라도 찾아서 행해야 한다. 우리의 실행을 막는 실패에 대한 걱정은 덜어내자. 걱정을 덜어내면 행동으로 가는 발걸음이 가벼워진다. 작은 실행의 성공을 경험하자. 그 성공 경험이 다음 실천을 이어가게 한다. 중요한 것은 읽고 움직이는 것이다.

책으로 인생의 진짜 공부를 하다

많은 부모가 아이들에게 책을 읽게 하는 이유는 독서가 공부에 도움이 될 것이라는 굳은 믿음 때문이다. 『공부 머리 독서법』을 쓴 독서교육 전문가 최승필 작가는 공부를 잘하는 아이가 되는 가장 확실한 방법이 독서라고 단언한다. 성적을 결정하는 것은 결국 언어능력인데 이 언어능력을 키우는 것이 바로 독서이기 때문이다. 여기서 언어능력은 글을 읽고 이해하는 읽기 능력과 이치에 맞게 생각할 수 있는 사고력을 아우르는 개념을 말한다.

몇 해 전 임시공휴일 지정으로 주말을 포함해 3일이 연휴가 된 적이 있는데 언론에서 '사흘 연휴'라고 보도하자 포털 사이트 검색어로 '사흘'이라는 단어가 순위권에 들었다. '사흘'을 4일로 생각한 사람들이 의아해하며 검색해 본 것이다.

최근의 유튜브, SNS 등의 확산으로 읽기 능력 저하에 대한 우려가 크다. 학교 공부뿐 아니라 원활한 직장·사회 생활을 위한 읽기 교육이 필요함에도 제대로 이뤄지지 않고 있다. 국제학업성취도평가에서 우리나라의 읽기 점수가 자꾸 하락한다고 하니 문제가 심각하다. 일상에서 필요한 문해력을 키우고 읽기 능력을 향상하기 위해서도 역시 독서가 가장 좋은 방법이다.

'천 권 가족 프로젝트'를 시작하기 전, 나는 책을 거의 읽지 않았지만, 책을 많이 읽으면 좋다는 막연한 생각은 가지고 있었다. 그래서 아이가 태어나면서부터 책을 많이 사주고 읽어주었다. 아이가 자라 혼자 책을 읽게 되면서부터는 사람들이 좋다고 하는 책으로 책장을 채워주었다. 다행히 아이는 책을 좋아해서 곧잘 읽곤 했다. 그러나 부모가 함께하지 않는 독서는 습관으로 깊게 뿌리내리지 못했다. 그 후 '천 권 가족 프로젝트'를 통해 우리 가족은 책 읽는 가족이 되었고 아이도 책 읽기를 몸에 익혀 매년 수백 권씩 책을 읽고 있다.

나는 실제로 독서가 공부에 도움이 되는지 초등학생인 우리 딸의 성적을 통해서는 아직 확인하지 못했다. 다만 아이가 국어 과목을 좋아하고, 책을 읽다가 본 내용이 시험에 그대로 나와 맞췄다며 좋아하는 모습에 책 읽기가 어떤 식으로든 학습에 긍정적인 영향을 미친다고 생각할 뿐이다.

사실 내가 중요하게 생각하는 공부는 학교 시험에서 몇 점 더 맞는 그런 것이 아니다. 진짜 공부는 자신이 살아가는 의미를 찾고 삶의 가치를 만들고, 그 가치에 따라 살아가는 힘을 기르는 것이라고 생각한다. 이러한 진짜 공부에는 독서가 확실히 도움이 된다. 내 경험으로 그것을 체득했기에 아이에게도 이것을 알려 주고 싶었다. 단순히 학교 공부가 아니라 인생의 진짜 공부를 위해 책을 읽어야 한다는 것을 말이다.

우리 가족은 독서를 통해 똑똑해졌다. 수많은 독서를 통해 정보를 얻을 수 있었다. 이렇게 모인 정보들은 서로 연결되어 자신만의 지식을 만들고, 이 지식이 숙성되며 삶의 지혜가 된다. 읽은 책이 쌓일수록 삶의 지혜도 차곡차곡 쌓이고 있다고 믿는다.

똑똑한 삶이란 공부를 잘해 좋은 대학에 가는 것이 아니라 내 생각대로 내 삶을 이끌어 가는 것, 인생의 갈림길에서 조금 더 좋은 선택을 하는 것, 다른 사람과 건강한 인간관계를 유지하는 것, 자신의 목표를 향해 성실하게 나아갈 수 있는 것이다. 우리는 독서를 통해 이러한 지혜를 쌓을 수 있고 인생의 진짜 공부를 할 수 있다.

긍정의 수도꼭지를 열다

결혼 전 연애 때 나는 아내와 만나면서 '부정적인 사람'이라는 말을 자주 들었다. 좋아하는 이성에게 잘 보여야 했던 상황이었음에도 부정적인 모습이 겉으로 드러나는 것을 감출 수 없었다. 내가 생각해도 나는 참 부정적이었다. 당시 나는 뭐 하나 마음에 드는 게 없었다. 나 자신은 물론 집안, 직장, 사회까지 모든 것이 불만투성이였다.

삶을 변화시키고자 책을 읽어 가면서 책 속에서 성공한 많은 사람을 만나볼 수 있었다. 성장을 향한 간절한 마음으로 성공한 그들의 공통점이 무엇일까 하는 궁금증을 자연스럽게 품게 되었다. 그들이 처한 여건과 상황이 모두 달라서 성공 요인도 모두 제각각이지만 한 가지 공통된 사항이 있었다. 그것은 바로 긍정적인 마음을 가지고 있다는 것이다. 연이은 실패 앞에서, 커다란 문제 앞에서, 심각한 역경 속에서도 긍정적인 태도로 어려움을 극복하고 장애물을 넘어 승리의 깃발을 쟁취했다.

두 개의 수도꼭지가 있다. 하나는 찬물이 나오는 파란 수도꼭지고, 다른 하나는 뜨거운 물이 나오는 빨간 수도꼭지이다. 파란 수도꼭지를 잠근다고 저절로 뜨거운 물이 나오지 않는다. 빨간 수도꼭지를 열어야만 뜨거운 물을 사용할 수 있다. 두 개의 수도꼭지를 적절히 조절해야 따뜻한 물로 손을 씻을 수 있다.

우리의 사고도 마찬가지다. 부정적인 사고를 안 한다고 긍정적인 생각이 저절로 생겨나는 것이 아니다. 보통 사람이 부정적인 사고를 전혀 안 할 수도 없는 노릇이다. 다만 부정의 수도꼭지는 조금 더 닫고 긍정의 수도꼭지는 조금 더 열면서 균형을 맞춰가는 것이 중요하다.

고대 체로키 인디언의 두 마리 늑대 이야기가 유명하다. 우리 마음속에 두 마리 늑대가 살고 있는데 이 두 마리 늑대는 항상 싸우고 있다. 검은 늑대는 악이고, 하얀 늑대는 선이다. 어떤 늑대가 이길까? 우리가 먹이를 주는 늑대가 이긴다. 착한 마음의 하얀 늑대에게 먹이를 줘야 한다는 교훈이다.

이와는 조금 다른 버전의 두 마리 늑대 이야기도 있다. 한 마리 늑대에게만 먹이를 주고 다른 늑대를 굶게 하는 것이 아니라 두 마리 늑대 모두에게 먹이를 줘야 한다는 것이다. 검은 늑대에게는 흰 늑대에게 없는 걸정, 끈기, 용기와 같은 장점이 있기 때문이다. 둘 다 먹이를 주며 두 마리 늑대의 장점을 활용하는 것이 현명한 삶을 살아가는 비결이다.

부정적인 생각을 줄이고 긍정의 마음을 늘리기 위해서는 의식적인 노력이 있어야 한다. 앞의 수도꼭지나 늑대 이야기처럼 균형과 조정이 중요하다. 부정적인 마음을 완전히 없애지 못하지만, 적절히 조절하면서 긍정의 마음을 키워가는 것이 우리의 선택이어야 한다.

책에서 배운 긍정적인 마음을 갖는 방법을 소개한다. 여러 가지 방법이 있었지만, 여기에서 말하는 내용은 우리 가족이 실제로 경험해서 효과를 거둔 것들이다.

첫 번째는 산책하기다. 이건 책에서 배우기 전부터 해왔던 방법이다. 나의 산책하기는 5년 전 금연을 시작했을 무렵에 스트레스를 받을 때마다 습관적으로 피우던 담배를 대신해 회사 건물을 한 바퀴 돌던 것에서 출발했다. 중요한 일을 앞두고 긴장될 때나 상사의 잔소리에 스트레스를 받을 때 흡연실로 향하는 발걸음을 돌려 5분 정도 짧은 산책에 나섰다. 나중에는 점심 식사를 서둘러 마치고 남는 시간에 회사 근처를 걸었는데, 따뜻한 햇볕을 받으며 걷는 것 자체가 힐링이 되었다. 이와 함께 부정적인 생각은 줄이고 긍정적인 생각은 늘리는 하나의 의식이 되었다.

좋은 것은 가족과 함께하고 싶은 것이 모두의 마음이다. 그래서 산책하기는 가족까지 확대되었고 매주 한 차례 우리는 함께 동네 인근을 30분씩 걸었다. 도서관을 오고 갈 때도 책을 고르러 간다는 생각에 다른 때보다 한층 즐겁게 걸음을 뗄 수 있었다.

긍정의 마음을 갖는 또 다른 방법은 일기를 쓰는 것이다. 우리 가족은 매일 저녁 일기를 쓴다. 가족 독서 시간이 끝나면 각자 다이어리를 가지고 자신의 자리에 앉아 일기 쓰는 시간을 갖는다. 그 내용과 형식은 모두 제각각이지만 일기를 쓰면서 나의 하루를 돌아보며 부정적인 감정은 덜고 긍정적인 마음을 더할 수 있다.

내 일기는 하루의 기록과 함께 긍정 일기, 꿈의 일기, 감사 일기로 구분하여 쓴다. 여러 개를 이야기하니 분량이 많을 것 같지만 각각 2~3줄 정도로 쓰는 데 크게 부담이 없다. 먼저 긍정 일기는 '나는 매일 모든 면에서 점점 더 좋아지고 있다.', '나는 건강하다.', '나는 풍요롭다.', '나는 긍정적이다.' 등 긍정 확언을 매일 반복해서 쓴다. 그 문장은 수시로 바뀌지만, 이 문장들을 쓰며 긍정의 마음을 다잡을 수 있다.

꿈의 일기는 내가 이루고자 하는 목표를 적는다. 참고로 요즘 꿈 일기에는 '나는 올해 내 책을 썼다.', '우리 가족은 모두 건강하고 행복하다.',

'나는 올해 경매 낙찰을 받았다.' 등을 쓰고 있다. 마지막으로 감사 일기는 오늘 하루를 마무리하며 감사하는 마음을 갖기 위해 쓰기 시작했는데 작은 일이라도 감사할 일이 있다면 일기에 적는다. 때론 아침 식사를 하거나 무사히 퇴근하는 등 평범한 일상에서 감사함을 발견하기도 한다.

긍정의 마음을 기르는 마지막 방법은 내가 가장 중요하게 생각한 것으로 긍정적인 말 습관을 갖는 것이다. 우리 마음이 외부에 가장 먼저 나타나는 것이 말이다. 그 사람이 어떤 말을 하는지 관찰하면 그 사람의 마음이 어떤지 알 수 있다. 마음과 말은 하나로 연결되어 있다. 긍정적인 마음에서 긍정적인 말이 나온다. 긍정의 말은 다시 긍정적인 마음을 가져오는 선순환을 가져온다.

긍정적인 마음은 긍정적인 결과를 가져오고 부정적인 마음은 부정적인 결과를 가져온다. 긍정과 부정의 마음은 처음부터 우리에게 정해져 있는 것이 아니다. 우리는 부정의 마음을 가질 것인지 긍정의 마음을 가질 것인지 선택할 수 있다. 산책하기, 일기 쓰기, 긍정적인 말 습관을 통해 우리는 긍정적인 삶의 태도를 충분히 만들어 갈 수 있다.

① 문제는 해결하기 위해 존재한다

우리는 살아가면서 언제나 문제에 직면한다. 크고 작은 문제를 만나고 그것을 해결하는 과정이 인생이다. 가족도 마찬가지다. 여러 구성원이 가족을 이루는 만큼 그 문제의 수준과 형태가 개인의 그것보다 더 다양하고 복잡하다. 가족 간의 문제일 수도 있고 외부 환경에 의한 문제일 수도 있다.

어떤 문제들은 잠깐 미뤄둘 수 있겠지만 언제까지 회피할 수만은 없다. 그래서 중요한 것이 문제를 어떻게 받아들이고 대응하느냐 하는 것이다. 바로 이것이 한 사람, 한 가족의 미래를 결정짓는 핵심적인 요소가 된다.

과거 부정적이었던 내가 문제를 처리하는 기본 방식은 회피와 지연이었다. 우선 피할 수 있으면 피하고, 일단 미룰 수 있으면 미루는 식이었다. 내가 하기 싫은 일과 마주쳤을 때는 핑계를 대거나 다른 사람에게 미뤘다. 집 안이 지저분할 때는 그때그때 청소하는 것이 아니라 더는 눈 뜨고 볼 수 없을 지경에 이를 때까지 미루다가 가까스로 치우곤 했다. 결혼해서도 나의 이런 태도는 크게 변하지 않아 부부싸움의 주원인이 되기도 했다. 나의 문제가 가족의 문제로 확산한 것이다.

 내가 문제를 바라보는 이런 부정적인 관점은 가족과 함께 책을 읽으며 바꿀 수 있었다. 문제에 대한 인식을 바꿔준 소중한 한 문장을 『일본전산 이야기』(김성호)라는 책에서 발견했다.

 문제는 해결하기 위해 존재한다.

 이 문장을 어떻게 받아들이는가? 사람마다 글을 보며 느끼고 생각하는 바는 모두 다를 수밖에 없지만, 당시 나는 이 문장을 읽고 온몸의 세포가 하나씩 뛰어오르는 것 같았다. 그때 나는 같이 책을 읽던 가족들에게 "문제가 해결하기 위해 존재한데!"라고 크게 외쳤다. 지금까지 나에게 문제는 피하거나 미루고 싶은 것일 뿐이었는데 그 존재 이유가 해결하기 위해서라니! 책 속의 이 문장은 나의 문제에 대한 인식을 완전히 바꿔놓는 계기가 되었다.

 이제 나는 문제에 직면하면 마음속으로 이 문장을 되새긴다. 문제는 해결하기 위한 것이니까 도망가거나 미루지 않고 어떻게 문제를 처리할 것인지에 집중한다. 책을 읽으며 느끼는 놀라운 점 중 하나는 책에서 건져 올린 문장 한 줄로 그동안 가져왔던 뿌리 깊은 인식이 순식간에 바꿔고 이를 통해 내가 변화한다는 것이다.

그동안 내가 문제를 접했을 때 주저했던 이유를 가만히 생각해 보면 그것은 두려움 때문이었다. 이 두려움을 어떻게 극복할 것인가에 대한 힌트를 김미경 작가의 『이 한마디가 나를 살렸다』에서 찾아냈다. 책에서 저자는 성공한 사람들이 가지고 있는 '두려움 자루'에 대해 이야기한다. 두려움 자루에 숨겨진 희망의 비밀은 여기에 있는 작은 구멍인데, 지고 걸어가면 갈수록 그 안에 담긴 두려움이 조금씩 빠져나가 두려움이 점점 줄어든다는 것이다.

새로운 문제를 앞에 두고 걱정이 전혀 없는 사람은 없다. 그러나 걱정에도 불구하고 문제를 해결하기 위해 묵묵히 한 발 한 발 나아가는 것이 바로 문제에 대한 두려움을 해결하는 유일한 방법이 아닐까.

이와 함께 문제 해결 과정에서 중요한 것은 문제를 내 것으로 만드는 노력이다. 문제의 원인을 외부에서만 찾는다면 그 해결책도 외부에 있게 마련이다. 이런 경우 문제를 해결하기 위해서는 타인에게 의존할 수밖에 없다. 그러나 문제를 나의 것으로 생각하는 순간, 그 문제의 원인과 해법은 모두 나에게 있다. 즉 내가 이 문제의 주인공이 되는 것이다. 구본형 선생의 책 『나는 이렇게 될 것이다』는 이런 내 생각에 동의하며 응원을 보내주었다.

문제가 내게 있다고 생각하는 순간, 그 해결의 열쇠는 내가 쥐게 된다. 그래서 주도적인 사람은 늘 자신을 돌아보아 어떤 상황에서도 자신이 할 수 있는 의미 있는 일을 찾아 나선다.

독서를 통해 문제를 바라보는 안경을 새롭게 바꿔 쓴 나는 우리 가족의 문제도 다시 바라보기 시작했고, 이를 해결하기 위해 꾸준히 노력하고 있다.

우리 가족의 가장 큰 문제는 주말부부라는 것이다. 당장 해결할 수 있는 문제가 아닌 만큼 어쩌지 못하고 지내왔다. 그러나 문제를 해결하기 위해 우리 가족 안에서 해법을 찾기 시작하자 열쇠가 보이기 시작했다. 직장 문제로 당장 주말부부를 해결할 수는 없지만 이를 단점이 아닌 장점으로 활용해야겠다고 생각한 것이다. 우선 매주 수요일은 내가 내려가기로 했다. 조금 어렵지만 그래도 주중 하루 정도는 시간을 낼 수 있었다. 그리고 나머지 주중에는 각자 자기 일에 집중하기로 했다. 가족과 함께할 수는 없지만, 오히려 자기 계발에 최적화된 시간으로 활용하기로 한 것이다. 그리고 주말에는 가족과의 시간을 더 밀도 있게 보내기 위해 노력했다.

이처럼 우리는 독서를 통해 문제를 바라보는 시각을 바꾸고, 적극적인 자세로 문제를 해결하는 데 집중할 수 있었다. 문제는 해결하기 위해 존재하고, 그 문제를 해결하기 위해 책이 존재한다.

② 우리는 날마다 나아지고 있다

가족 독서를 통해 우리가 계속 성장해 나가고 있다는 믿음이 생겼다. 매일 읽고 쓰고 실천하는 것이 우리 가족을 어제보다 나은 오늘, 오늘보다 나은 내일로 이끌고 있다는 확신이 생긴 것이다. 이런 마음이 없다면 독서를 비롯해 모든 노력이 오래가기 어렵다. 오늘 내가 하는 행동이 더 나은 미래의 결과로 이어진다는 연결성을 믿어야 한다. 독서를 통해 매일 성장하고 있다는 우리 가족의 믿음을 확실하게 해준 문장이 있다.

우리는 모든 면에서 날마다 더 나아지고 있다.

이 문장은 원래 '나는 모든 면에서 날마다 더 나아지고 있다.'라는 것인데 우리 가족은 이 문장의 주어를 '우리는'으로 바꿔서 쓰고 있다. 이 글은 에밀 쿠에의 책 『자기암시』에 나온다. 에밀 쿠에는 프랑스에서 약국을 경영하는 약사였다. 당시 그는 사람들이 약의 실질적인 성분보다는 포장이나 광고에 더 큰 영향을 받고 있다는 사실을 발견했다. 이를 계기로 쿠에는 환자를 치료하는 데 있어 가장 중요한 것이 자기암시라고 인식하게 되었고 자기암시 요법을 창시하기에 이른다.

에밀 쿠에의 자기암시는 우리의 무의식에 자기 확신을 심고 상상을 통해 긍정적 행동으로 발현되도록 하는 것이다. 에밀 쿠에는 의지와 상상을 반작용 관계로 이해하며 의지가 아닌 상상이 우리를 움직이게 만든다고 생각했다.

그러면서 자기암시의 가장 좋은 방법으로 매일 아침 일어날 때와 잠자리에 들기 전에 '나는 모든 면에서 날마다 더 나아지고 있다.'를 스무 번 연속해 말하는 것을 제안하고 있다. 자기암시는 누구나 선천적으로 가지고 있는 도구이며, 태어난 순간부터 언제든 이것을 쓰고 있다고 한다. 우리가 꾸는 꿈은 모두 자기암시에서 온 결과이며 우리가 하는 모든 행동과 말도 자기암시의 결과라고 말한다.

세계적으로 인기가 많았던 린다 번의 『시크릿』에서도 마음으로 원하는 것을 간절히 생각하면 그것이 인생에 나타날 것이라는 '끌어당김의 법칙'을 이야기하고 있다. 에밀 쿠에와 린다 번은 모두 무의식의 변화를 통해 삶을 변화시킬 수 있다는 메시지를 전하고 있다.

내가 자기계발서를 읽던 초기에 가장 받아들이기 어려웠던 것이 무의식이었다. 무의식을 변화시켜야 더 나은 인생이 가능하다는 책들을 이해하기 쉽지 않았다.

오직 간절히 바란다거나 자기암시만 반복한다고 원하는 바를 얻을 수 있다는 것이 믿기 어려웠다. 이제 여러 권의 책들을 통해 무의식의 존재와 자기암시의 필요성을 조금이나마 이해할 수 있게 되었다. 간절한 마음을 통해 내 목표와 관련된 정보와 사람을 의식적이든 무의식적이든 더 적극적으로 찾을 수 있고, 생각을 행동으로 옮기는 데 있어서 실행의 문턱을 낮출 수 있는 계기가 될 수 있다고 생각한다.

언젠가 도서관에 갔다가 독서의 달 포스터를 보았는데 '한 장, 두 장, 그리고 성장'이라는 문구가 눈에 들어왔다. 책을 읽어 갈수록 성장하는 나와 가족을 바라볼 수 있어 감사하다.

'우리는 모든 면에서 날마다 더 나아지고 있다.'라는 말은 우리 가족이 책을 읽으며 매일 성장하고 있다는 확신이고 다짐이다. 이러한 확신이 긍정적 사고와 강한 실천력을 담보하고 우리 가족을 밝은 미래로 인도한다. 오늘도 우리는 책을 통해 모든 면에서 더 나아지고 있다.

부자 가족으로 출발하다

사람들에게 꿈을 물어보면 가장 많이 나오는 것이 '부자가 되고 싶다.' 는 것이 아닐까. 직장 동료들에게 물어봐도 대부분 돈을 많이 버는 것이 목표라고 말한다. 과거 우리 사회는 돈을 좋아한다는 사실을 전면에 드러내는 것을 꺼렸다. 심지어 그런 사람을 보면 저속하고 속물이라고 흉보는 사람도 많았다.

오늘날 우리가 살아가는 자본주의는 돈을 떼어 놓고는 생각할 수 없다. 돈이 돌아야 우리가 살아갈 수 있고 사회도 발전한다. 그래서 돈은 최고의 관심사이고, 수많은 경제·재테크 유튜버들이 부자 되는 방법을 알려 주고 있다. 부자가 되겠다는 것은 이제 부끄럽게 숨겨야 하는 일이 아니다.

그동안 나는 평소 열심히 아끼고 모으면 언젠가는 풍족한 미래가 기다리고 있을 거라고 막연히 기대하고 있었다. 그래서 오늘도 새벽같이 회사에 나와 성실한 직장인으로서 역할을 다한다.

열심히 회사 생활을 하고 맞벌이까지 하고 있으니 당장은 힘들어도 시간이 지나면 넉넉한 보상을 받을 수 있다고 믿었다. 그러나 현실은 그렇지 못하다. 언제나 월급은 적당히 먹고살 만큼만 주는 것이고, 아끼고 아껴 매월 저축하지만, 몇 년이 지나도 통장에 쌓인 금액은 생각보다 적다. 이러다가 부자는커녕 퇴직하고 최저생계나 가능할지 걱정하고 있는 나를 발견하게 된다.

이런 고민은 '천 권 가족 프로젝트'를 진행하고 있을 때 더욱 크게 다가왔다. 그때는 한창 책을 읽으며 내 삶을 바꿀 수 있다는 확신을 다지던 중이었다. 그렇다면 독서를 통해 경제적인 면에서의 변화도 스스로 만들 수 있지 않을까. 그동안 가족과 함께 책을 읽으며 우리의 생각과 행동을 바꾸고 작은 변화를 쌓아왔다. 이러한 성공 경험에서 나오는 자신감이 이전에는 갖지 못했던 생각까지 가능하게 했다. '우리도 부자가 될 수 있다!'

이전까지 나는 막연히 기대감만 있을 뿐 부자가 될 수 있다는 생각을 구체적으로 해보지 못했다. 부자는 내가 아닌 다른 누군가의 몫인 것만 같았다. 가장이 이런데 가족들이 부자가 되겠다고 생각하지 못한 것은 당연하다.

독서가 놀라운 것은 이런 굳은 신념도 바꿀 수 있다는 점이다. 책에는 나보다 어려운 상황 속에서도 큰 부를 이룬 사람들이 있었다. 부자가 되기 위해 어떤 마음을 가져야 하는지도 설명하고 있었다. 수많은 책을 접하며 '어쩌면 나도 할 수 있을지 몰라.', '저자는 나보다 더 어려운 여건임에도 불구하고 성공했잖아.', '저 사람도 했으면 나도 해낼 수 있어!'라는 생각이 새싹처럼 돋아났다.

이런 부자 마인드가 점점 단단해질수록 나도 부자가 되고 싶다는 욕구는 더 강해지고 구체적인 꿈이 되어 갔다. 우리 가족의 대화 주제는 어제 읽은 재테크 책이었고, 식탁 앞은 어떻게 하면 부자가 될 수 있는가에 대한 토론장이 되었다.

우리 가족의 책 읽기 방향이 부를 향하게 된 것이다. 나 같은 경우는 경제경영서 20권 연속 읽기에 도전해 성공하기도 했다. 그중 좋은 책을 아내에게 소개해 함께 읽고 의견을 나눴다. 아이도 청소년용 경제 책을 골라 읽기도 했다. 이렇게 책을 읽으며 우리 가족은 부자 마인드를 다져 나갈 수 있었다.

오랫동안 부자가 될 수 없을 거라며 굳어진 생각에 금이 가고, 틈이 생기며 우리도 할 수 있다는 희망의 빛이 새어 나오기 시작했다. 인간은 희망으로 사는 존재다. 희망이 보인다면 그곳을 향해 고난을 극복하고 힘차게 뛰어갈 수 있는 것이 바로 사람이다. 책을 통해 희망을 얻은 우리 가족은 드디어 부자 가족으로 가기 위한 출발선에 설 수 있었다.

① 부자 가족의 실전 책 읽기

'천 권 가족 프로젝트'를 진행하며 나는 1년간 232권의 책을 읽었다. 초기에는 대부분 자기계발서를 읽었는데 후반부에는 주로 경제경영서를 많이 읽었다. 내가 읽은 경제경영서는 총 68권이다. 프로젝트가 끝나고 1년이 지난 지금까지 읽은 책을 모두 더하면 100권이 족히 넘는다.

그동안 내가 읽은 경제경영서는 크게 두 가지로 나눌 수 있다. 첫 번째는 부자의 마음가짐에 대한 것이고, 두 번째는 부자가 되는 방법에 관한 책이다. 부자가 되는 방법에 관한 책은 다시 경제의 큰 흐름을 배울 수 있는 책이 있고, 주식이나 부동산 등 구체적인 투자 방법을 다루는 재테크 서적이 있다. 여기서는 내가 읽은 책 중에서 큰 도움이 되어 독자 여러분도 읽었으면 하는 좋은 책들을 소개하고 싶다.

먼저, 부자의 마음가짐을 가르쳐 주는 책이다. 지금 언급하는 책들은 모두 오랫동안 사랑받은 경제경영서의 스테디셀러로 그 명성만큼 내용도 좋다. 이 책들은 부자 마음가짐을 만드는 과정에서 꼭 필요한 기폭제다. 『부자 아빠 가난한 아빠』(로버트 기요사키)는 1997년 출간 이래 25년간 많은 사랑을 받았다. 특히 손익계산서와 대차대조표를 그림으로 표현해 직관적으로 부자 마인드를 표현하고 있다. 『부자의 그릇』(이즈미 마사토)은 사업에 실패한 주인공과 노(老)신사의 대화 형식으로 꾸며져 쉽게 읽을 수 있는데 돈을 버는 것과 함께 돈에 대한 마음을 어떻게 키워야 하는지, 돈보다 소중한 것은 무엇인지에 대해 말하고 있다. 『나는 오늘도 경제적 자유를 꿈꾼다』(유대열)와 『엑시트(EXIT)』(송희창)는 부동산과 경매에 관한 책이지만 이에 앞서 부자가 되기 위해 어떤 마음을 가져야 하는지에 대해 저자의 경험을 통해 말해주고 있다. 저자의 처절한 노력과 열정적인 삶의 태도에서 진한 감동과 배움을 얻을 수 있다. 다음은 이 책들을 읽고 내 독서 노트에 옮겨적은 내용 중 일부이다.

『나는 오늘도 경제적 자유를 꿈꾼다』(유대열)

의욕과 열정의 문제이지 다른 것은 아무것도 문제가 되지 않는다. 안정적이고 편안한 삶을 택하느냐, 마음 졸이고 살기로 작정하느냐, 이것이 자본주의 시대에 부자와 빈자를 가르는 가장 중요한 선택이다.

『엑시트(EXIT)』(송희창)

사람은 자신이 그린 대로 삶을 살게 된다.

성공한 사람들은 이 길에 대한 확신을 하고, 뜨거운 열정을 식히지 않고 계속 끌어내어 완주를 해낸 사람들이다.

이제 부자의 마음을 갖게 되었다면 어떻게 부자가 될 것인지 하는 방법을 알아야 한다. 부자가 되기 위해서는 먼저 경제의 큰 흐름을 볼 수 있어야 한다. 성공적인 투자를 위해 경제란 무엇이고 자본주의는 어떻게 돌아가는지에 대한 기본적인 이해가 필요하다. 『최진기의 경제 상식 오늘부터 1일』(최진기), 『EBS 다큐프라임 자본주의』(EBS 제작팀), 『부의 인문학』(브라운스톤) 등이 좋았다. 초보자인 내가 보기에도 이해가 잘되는 책이니 경제를 처음 공부하는 사람이라면 적극 추천한다. 경제를 보는 눈이 점차 넓어짐을 느낄 수 있다.

이제 구체적인 각론으로 들어가 어떤 방법으로 돈을 벌 것인가를 알아야 한다. 가히 범람이라고 말할 정도로 수많은 재테크 책이 매일 쏟아지고 있다. 이 많은 책 중에서 어떤 책을 골라서 읽을 것인지는 독서 초보자에게 어려운 일이 아닐 수 없다. 여기서는 내가 책을 읽고 투자를 시작하는 데 실질적으로 도움을 받은 책들을 함께 공유한다. 나는 책을 읽고 ETF, 미국 주식, 경매, 부동산 등을 공부했고 실제 투자하기 시작했다. 분야별로 좋은 책들을 몇 권씩 추천한다.

재테크 전반에 관해 좋은 조언은 주는 『아기곰의 재테크 불변의 법칙』(아기곰), 『월급쟁이 부자로 은퇴하라』(너나위) 등은 유명한 베스트셀러다.

미국 주식에 관해서는 내용이 쉽고 저자의 경험을 담은 『미국 주식으로 은퇴하라』(최철), 『소수 몽키의 한 권으로 끝내는 미국 주식』(홍승초) 등이 있다.

연금과 ETF 투자 관련해서는 『모든 주식을 소유하라』(존 보글), 『존 리의 부자 되기 습관』(존 리), 『마법의 연금 굴리기』(김성일)를 읽었고, 부동산에 대해서는 『부동산 투자의 정석』(김원철), 『나는 부동산과 맞벌이한다』(너바나), 『나는 마트 대신 부동산에 간다』(김유라)가 좋았다.

특히, 경매라는 새로운 공부를 시작할 수 있도록 해준 『송 사무장의 부동산 경매의 기술』(송희창), 『경매 권리분석 이렇게 쉬웠어?』(박희철)는 여전히 경매 초보자의 필독서로 꼽는다.

재테크 분야의 책을 읽을 때는 유튜브도 함께 활용하는 것이 좋다. 책과 유튜브라고 하면 서로 상극처럼 느껴지지만, 잘만 활용하면 그 효과를 배가시킬 수 있는 상호보완재다. 물론 책이 기본이 되어야 하는 것이 중요하다. 내용을 체계적으로 정리한 책을 바탕으로 먼저 지식을 쌓아야한다. 책은 종이로 인쇄되어 나오는 만큼 현재성에 있어서 한계를 가지고 있으나 유튜브는 현실이 즉시 반영된 콘텐츠가 실시간으로 업로드되고 있다. 특히, 최근 재테크 책의 저자들은 대부분 유튜브를 운영하고 있어서 책을 통해 만났던 작가를 영상으로 다시 한번 접할 수 있다.

우리 가족은 아직 부자가 아니다. 여전히 월급쟁이의 팍팍한 삶을 살아가고 있다. 그러나 책을 읽고 부자가 될 수 있다는 희망을 품게 되었고, 부자 가족이 되기 위한 구체적인 목표와 계획을 세울 수 있었다. 그래서 책을 읽으며 부자가 되기 위한 공부를 계속하고 투자를 시작하고 있다.

② 역시 실천 독서가 중요하다

독서로 삶이 바뀌는 것은 책을 읽는 것만으로 가능하지 않다. 책을 읽어 생각이 바뀌고, 바뀐 생각이 행동으로 이어졌을 때만 가능하다. 앞에서도 여러 차례 강조했지만 '실천하는 독서'만이 삶의 변화를 만들 수 있다. 경제경영 분야의 많은 책을 읽으며 '우리도 부자 가족이 될 수 있다.'라는 데까지 생각이 미치자 이제 필요한 것은 역시 실천이었다.

다른 분야도 마찬가지지만 경제 분야 독서의 실천은 그 변화의 모습이 바로 우리의 현실에서 나타나기 때문에 실천 독서의 효과가 크고 직접적이다. 그러므로 나는 부자 가족이 되기 위한 독서에서도 한 권의 책을 읽었다면 적어도 한 가지의 실천 거리를 찾아 행동에 옮기려고 최선을 다했다.

『마흔의 돈 공부』(이의상)에는 인생 실패를 자산으로 만드는 방법이 나온다. 모든 실패가 기본적으로 내 책임임을 명심하기, 실패하기 전으로 돌아가 객관적으로 되짚어 보기, 개선 방안을 정리하여 삶에 적용하기가 그것이다. 이 책을 읽고 나는 책에서 소개하는 '실패 보고서'를 만들었다. 동전 테마주에 투자해서 상폐당했던 경험, 지인의 말만 듣고 아무것도 모르면서 이상한 코인에 투자해 손해를 보았던 일, 좋은 입지에 있는 미분양 아파트를 살 수 있었음에도 기회를 놓쳐 나중에 아파트값이 크게 올라 배가 아팠던 일을 실패 보고서에 차분히 정리했다.

처음에는 이런 실패들이 모두 남의 탓이라고 생각하며 불만을 키웠지만, 가만히 적으며 생각하니 모두가 내 잘못이었다. 제대로 된 공부도 없이 남의 말에 솔깃해 어렵게 모은 돈을 잃었으니 내가 했던 것은 투자가 아니라 투기였다.

'실패 보고서'를 통해 그동안 실패의 원인을 분석하고 다시는 이런 실패를 하지 않기 위해 나는 나만의 투자 원칙을 마련했다. 첫째, 꾸준한 투자 공부로 확신을 가지고 투자한다. 둘째, 우량자산에 장기 분할 투자한다. 셋째, 투자를 기록하고 점검한다.

여러 권의 책을 읽고 다양한 자료를 찾아보며 확신이 생긴 다음에만 투자를 진행했다. 『잠든 사이 월급 버는 미국 배당주 투자』(홍승초)를 읽고 미국 배당주에 투자하기도 했고, 『미래의 부』(이지성)나 『부의 진리』(이영주)를 읽고 한국과 미국의 우량주를 중심으로 투자를 진행해 오고 있다.

투자를 공부하는 방법도 배워 꾸준히 실천하고 있다. 『부자 언니 부자특강』(유수진), 『투자하려면 경제신문』(이수정) 등 여러 책에서 경제신문 읽기를 추천했다. 나는 바로 신문을 구독했다. 처음에는 신문 읽기가 익숙하지 않아 습관으로 만들기까지 시간이 걸렸지만, 이제는 아침 습관이 되어 편하게 읽을 수 있게 되었다. 필요한 기사들은 스크랩하고 중요한 내용을 정리해 보는 것이 경제의 큰 흐름을 파악하는 데 큰 도움이 됐다.

『엑시트(EXIT)』(송희창)는 부자가 되기 위한 의지를 다지는 데 큰 힘이 되어준 책이기도 하지만 부동산 경매 공부를 시작할 수 있는 계기가 되기도 하였다. 얼마 전까지만 해도 경매 학원에 다니며 경매 물건을 검색하고 임장을 다닌다는 것은 나로서는 상상할 수 없는 일이었다. 책을 읽고 변화한 내 모습을 보며 나 자신도 그렇지만 가족들도 놀라고 있다.

『굿바이, 빚』(고란)에서는 경제 상태를 정확히 파악하는 것이 부자가 되는 지름길임을 강조하며 자산 상태표, 현금 흐름표 만들기를 안내하고 있다. 이것도 바로 실천해서 자산 현황과 매월 자금 계획을 만들며 우리 집의 경제 상황을 살펴보고 부자계획을 짤 수 있는 기초자료를 마련했다.

우리 가족의 부자계획은 현재 진행형이다. 아직 자랑스럽게 내놓을 만한 성과도 없다. 그러나 우리는 수많은 독서에 근거한 확신을 바탕으로 우리만의 경제 목표를 정했고 이를 이루기 위한 계획도 세우고 있다. 가야 할 목적지가 확실한 사람은 장애물을 극복하고 나아가는 힘을 가지게 된다. 우리 가족은 앞으로도 꾸준히 부자가 되는 길을 걸어 나갈 것이다. 그 길에서 책은 언제나 우리 가족의 든든한 동반자가 되어줄 것이다.

제5장

독서 가족을 넘어
성공 가족으로 리드하라

물이 흐르다 웅덩이를 만나면 그 웅덩이를 다 채운 다음에야
비로소 앞으로 나아간다. (불영과불행 不盈科不行)

맹자(BC 372 ~ BC 289, 중국 전국시대 철학가)

책과 담쌓았던 우리 가족은

어떻게 1년 만에
1,000권을 읽었을까

가족의 내일을 그려라

① 어디로 갈 것인가?

② 어떻게 갈 것인가?

두 개의 질문이 있다. 어떤 질문이 먼저인가? 당연히 ①번 질문에 먼저 답해야 ②번 질문이 의미 있게 된다. 어디로 갈지를 정해야 그다음으로 어떻게 갈 것인가라는 질문이 필요하다. 우리가 지금 부산에 있고 서울까지 가야 한다고 하면 ①번 질문의 답은 목적지, 즉 서울이 될 것이고 ②번 질문에 대한 답은 비행기, 기차, 버스, 자가용 등 교통편이 될 것이다. 어디로 갈 것인지도 모른 채 어떻게 갈 것인지를 생각하는 것은 쓸데없을 뿐 아니라, 때로 위험하기도 하다.

우리 인생에 있어 ①번 질문에 답하는 것이 비전과 목표다. 이 외에도 미션, 사명, 가치, 목적 등 여러 가지 개념이 있지만, 너무 이론적으로 접근할 필요는 없다. 비전과 목표, 두 가지의 개념만 잡고 활용해도 충분하다고 생각한다.

비전(vision)은 개인이나 조직이 고유한 가치관을 바탕으로 최종적으로 이르고자 하는 이상적 지향점을 말한다. 목표(goal)는 개인이나 조직이 달성하고자 하는 바람직한 장래의 상태를 이른다. 비슷해 보이지만 비전은 목표와 비교하면 더 장기적이고 상위에 있는 개념이라고 이해할 수 있다.

켄 블랜차드와 제시 스토너의 『비전으로 가슴을 뛰게 하라』에서는 비전의 개념을 다음과 같이 설명하며 비전과 목표를 구분하는 힌트를 준다.

목표와 비전을 구분하는 한 가지 방법은 다음과 같은 질문을 해보는 거예요. '그다음에는?'

목표만 있고 비전이 없을 경우 일단 목표가 달성되고 나면 그다음으로 나아갈 수 없게 된다. 목표 다음을 내다보게 하는 비전이 없기 때문이다.

비전 전도사 강헌구 교수는 『아들아, 머뭇거리기에는 인생이 너무 짧다』에서 비전과 목표의 관계를 이렇게 설명하고 있다.

비전을 현실로 성취하기 위해서 그것을 행동으로 옮겨야 하며, 비전과 행동을 연결하는 매개체가 바로 눈의 푯대, 목표입니다.

결국, 비전은 최종 목적지이고, 목표는 최종 목적지로 가기 위한 중간 목적지이다. 비전을 이루기 위해서는 목표가 있어야 하고 이 목표가 있을 때 우리는 행동에 나설 수 있다. 부산에서 서울로 가겠다는 비전을 달성하기 위해서는 대구, 대전, 천안 등의 목표가 있어야 하고 이 목표대로 가기 위해 자동차의 시동을 걸고 운전대를 잡는 행동이 필요하다. 비전-목표-행동으로 이어지는 관계를 이해할 수 있다.

우리의 인생을 성공적으로 살아가기 위해서는 비전과 목표가 꼭 필요하다. 우선 비전이라는 최종 목적지를 정하고 이에 맞춰 여러 개의 중간 목표를 세워둬야 한다. 그래야 우리가 원하는 비전에 제대로 도착할 수 있다.

열심히 사는데 나아지는 것은 없고, 맨날 이 모양이라고 한탄하는 사람들이 있다. 각자 어려운 현실의 벽이 있겠지만 비전이나 목표가 없어 정체된 경우가 의외로 많다.

비전과 목표는 그 자체로 큰 동기부여가 된다. 그것이 있는 사람과 없는 사람은 하늘과 땅 차이다. 가족도 마찬가지다. 뚜렷한 비전과 목표를 향해 같은 방향으로 달리는 가족의 성공과 행복은 더 가까운 곳에 있다.

이 장에서는 우리 가족의 빅 픽처를 소개하려 한다. 우리 가족의 비전은 무엇이고, 이 비전을 이루기 위해 매년 어떻게 목표를 세워 실천해 나가는지, 그리고 우리의 가족 프로젝트에 관해 이야기하려고 한다. 가족 독서를 주제로 한 이 책에서 이런 이야기를 하는 것은 독서와 함께 이러한 가족의 미래 설계가 이루어질 때 인생의 변화를 이끄는 '천 권 가족 독서법'의 효과가 극대화된다고 믿기 때문이다.

아울러 각자의 인생을 변화시키고 가족의 성장과 행복을 추구하기 위해 꼭 필요한 마음가짐에 대해서도 책을 읽으며 다져온 생각들을 정리했다. 희망찬 미래 설계와 건강한 마음가짐으로 독서 가족을 넘어 성공 가족으로 나아갈 수 있다.

① 반짝이는 비전이 있어야 길을 잃지 않는다

오랜 기간 성공의 열쇠를 연구한 하버드 대학의 에드워드 밴필드 박사는 "우리 사회에서 가장 성공한 사람들은 10년, 20년 후의 미래를 생각하는 장기적인 전망을 가진 사람들이었다."라고 말했다. 장기적인 관점에서 비전을 갖고 목표와 계획을 세우는 것이 성공의 중요한 요건이라는 것이다.

개인의 삶에 있어 비전이 최종 목적이자 행동 기준으로 중요한 역할을 하듯 조직에서도 마찬가지다. 특히 치열한 경쟁 속에서 이익의 극대화를 추구하는 기업에게 비전은 소속 임직원에게 일할 동기를 부여하고 현재의 자원과 능력을 비전에 맞춰 효과적으로 분배하는 중요한 역할을 하고 있다. 세계적인 기업들의 비전을 살펴보자.

애플 : 사람들의 역량을 강화할 수 있는 인간적인 도구들을 제공하며,
우리가 일하고, 배우고, 소통하는 방식을 바꾼다.

구글 : 세계의 정보를 누구나 쉽게 사용하고 접근할 수 있게 한다.

마이크로소프트 : 지구상의 모든 개인 및 조직이 더 많은 것을 이룰 수
있도록 돕는다.

스타벅스 : 이웃에 있는 단 한 명에게 한잔의 커피를 통해 마음에 영감
과 풍요로움을 준다.

디즈니 : 어린이들의 꿈과 희망을 현실로 만든다.

삼성전자 : 인재와 기술을 바탕으로 최고의 제품과 서비스를 창출하여
인류사회에 공헌한다.

기업은 비전을 세울 때 많은 돈과 노력을 들인다. 그만큼 비전이 중요
하다고 인식하기 때문이다. 비전을 중심으로 전 직원이 하나 되어 그것을
실현하기 위해 앞으로 나아갈 때 기업의 생존과 성장이 보장될 수 있다.

그러면 가족은 어떤가? 당신 가족은 비전이 있는가? 가족도 작은 조직
으로서 오늘보다 나은 내일을 기대한다면 비전이 있어야 한다. 우리 가
족의 최종 목적지를 어디로 설정해야 하는가? 크고 중요한 질문이 아닐
수 없다. 그러나 이에 대해 생각해 본 가족이 많지 않다.

가족 비전이라는 것은 우리 가족이 원하는 미래가 담겨야 한다. 또한, 가족의 행복한 삶을 위해 중요한 분야별 비전도 빠짐없이 포함되어야 한다. 이런 생각과 고민 끝에 만들어진 비전의 초안은 여러 번의 가족회의를 통해 수정되고 드디어 완성되었다. 이렇게 만들어진 우리 가족의 비전은 다음과 같다.

잘 사는 우리 집, 행복한 우리 가족

튼튼한 가족건강
풍족한 가정경제
즐거운 가정환경
똑똑한 공부습관

우리 가족은 어떤 삶을 지향해야 하는가? 어디를 향해 가야 하는가? 우리 가족의 최종 목표는 가족 모두 잘 살고 행복하게 사는 것이다. 이것은 어느 가족이나 마찬가지다. 누구나 우리 가족이 잘 살고 행복하길 바란다. 너무나 당연하지만, 이것이 핵심이다.

그래서 나는 가족의 비전을 '잘 사는 우리 집, 행복한 우리 가족'으로 정했다. 잘 산다는 것은 크게 두 가지 의미다. 첫째는 몸과 마음이 건강하게 잘 산다는 것이고, 둘째는 경제적으로 여유롭게 잘 산다는 것이다. 행복하다는 것 역시 두 가지 의미를 담고 있는데 먼저 집안이 언제나 웃음이 넘치고 즐거운 분위기를 유지하며, 또한 가족 구성원 모두 공부와 자기 계발을 통해 계속 성장해 나가는 것을 의미한다. 사실 '잘 사는 우리 집, 행복한 우리 가족'은 내가 지금 몸담은 기관의 지난 슬로건에서 힌트를 얻었다.

'잘 사는 우리 집, 행복한 우리 가족'이라는 비전 아래 분야별 비전도 표현하고 싶었다. 앞에서 설명한 '잘 산다는 것'과 '행복하다는 것'의 각 두 가지 의미를 명시적으로 보여주고자 했다. 그래서 가족에 있어 가장 중요한 네 가지 분야로 건강, 경제, 가정, 공부(자기 계발)를 선정하고 각 분야에 대한 비전도 만들었는데, '튼튼한 가족건강', '풍족한 가정경제', '즐거운 가정환경', '똑똑한 공부습관'이 그것이다.

완성된 비전을 큰 종이에 출력해 거실 벽, 제일 눈에 잘 띄는 자리에 붙여 놓았다. 가족 비전이 정해졌다는 것은 가족이 가야 할 최종 목적지가 명확해졌다는 것이다. 자욱한 안개 속에서 어디로 가는지 몰라 불안했던 마음에 반짝이는 비전이 나타났다. 이제 우왕좌왕할 필요 없이 목적지를 향해 나아가면 된다.

< 가족 비전 >

VISION 2040

잘사는 우리 집
행복한 우리 가족

튼튼한 가족건강

풍족한 가정경제

즐거운 가정환경

똑똑한 공부습관

2040
우리는

✓ 건강하고 행복하다
✓ 풍요로운 부자다
✓ 일을 즐기며 멋지게 산다

② 목표가 우리를 한 발 더 뛰게 한다

가족 비전이 만들어지자 마음이 든든해졌다. 이제 자동차 내비게이션을 켜고 목적지를 정확하게 입력할 수 있다. 그런데 문제가 있다. 추천경로가 여러 개 나오는데 어떤 길로 갈 것인가 하는 것이다. 즉, 어디 어디를 거쳐 최종 목적지까지 운전할 것인가 하는 고민이 생기게 된다. 어떤 길은 통행료가 무료지만 시간이 오래 걸릴 수 있고, 또 어떤 길은 통행료가 들지만 빠르게 도착할 수도 있다. 어떤 길이 더 좋은지는 사람마다 기준이 다를 것이므로 나에게 가장 적합한 길을 골라야 한다. 내가 고른 길 위에 중간중간 경유지가 있다.

내비게이션의 최종 목적지까지 향하는 중간 목적지를 잘 선택해야 한다. 그래야 나에게 최적화된 경로를 찾아갈 수 있기 때문이다. 그 중간 목적지가 바로 목표다. 우리 가족은 비전을 세우고 매년 가족 목표를 만들었다. 목표는 비전을 실현하기 위해 올해 우리 가족이 무엇을 해야 하는지 알려 주는 지표다. 비전은 우리 가족의 최종적인 꿈이고 바람이지만 너무 멀리 있어 자칫 잊거나 소홀해지기 쉽다. 너무 아득해 손에 잡히지 않을 것 같은 막막함이 있다. 그래서 매년 새로운 가족 목표가 필요하다.

가족 목표에는 분야별 비전을 이루기 위해 올해 가족 구성원들이 해야 할 리스트가 제시된다. '튼튼한 가족건강', '풍족한 가정경제', '즐거운 가정환경', '똑똑한 공부습관' 등 각 분야의 비전을 위해 내가 무엇을 해야 할지를 분명히 말해준다. 다음은 2023년 우리의 가족 목표이다. ('천 권 가족 프로젝트'는 2022년 추진)

2023년 가족 목표

공통 : 경매 낙찰, 부자 가족 프로젝트 성공, 가족 앨범 4권, 가족 운동 50회, 가족여행 2회(1회는 해외여행), 가족사진 찍기

아빠 : 내 책 쓰기 1, 독서 · 성공 노트 4권, 독서 100권, 10,000보 걷기 300일, 몸무게 73kg, 긍정 · 감사 일기 300일, 블로그 포스팅 100개

엄마 : 화훼기능사 자격증 취득, 승진, 독서 50권, 8,000보 걷기 300일, 홈트 150일, 긍정 · 감사 일기 300일, 블로그 포스팅 30개

딸 : 독서 600권, 영어책 외우기 1권, 문제집 15권, 영어 캠프

이 가족 목표는 공통 목표와 개인 목표로 나누어져 있다. 이 목표들은 분야별 비전에 부합하여 다시 나눌 수 있는데, 예를 들면 '튼튼한 가족건강'을 위해 가족 운동, 10,000보 걷기 등이 있고, '풍족한 가정경제'를 위해서 경매 낙찰, 부자가족 프로젝트 등이 있다. '즐거운 가정환경'을 위해서 가족여행과 가족사진 찍기, 가족 앨범 만들기 등의 목표를 넣었고, '똑똑한 공부습관'을 위해 독서, 내 책 쓰기, 영어 캠프 참가하기 등이 개인별 과제로 들어가 있다.

우리 가족이 이렇게 목표를 세우고 지켜나간 것은 3년 전쯤부터다. 그후 매년 연말이 되면 그해의 가족 목표를 얼마나 달성했는지 돌아보며 정리한다. 달성한 목표에 대한 성과는 서로 축하하고 이루지 못한 것들은 반성하여 내년도 목표를 세울 때 개선하기 위한 피드백 자료로 활용한다. 가장 목표 달성률이 좋은 사람에게는 선물을 주기도 하는데 경쟁이 치열하다.

이런 과정은 보통 12월의 주말마다 여러 차례 가족회의를 통해 이뤄진다. 우리 가족은 이것을 '가족 워크숍'이라고 부르는데 집에서 하기도 하고 동네 카페나 여행을 가서 하기도 한다. 회의가 끝나면 즐거운 회식도 있다. 맛있는 음식을 먹으며 한 해 동안 가족 목표에 대한 실적을 정리하고 내년 목표를 세우는 시간은 언제나 소중하고 즐겁다. 이런 모습들은 우리 가족이 한 해를 보내고 새해를 맞이하는 풍경이 되어 가고 있다. 올해는 우리 가족만의 목표를 세워보자. 뚜렷한 목표가 비전을 향해 우리를 한발 더 뛰게 할 것이다.

<가족 목표 >

GOAL 2023

2023 가족목표

공통
- 경매낙찰
- 부자가족 프로젝트
- 가족운동 50
- 가족앨범 4
- 가족여행 2 (해외 1)
- 가족사진 1

운현
- 내 책 쓰기 1
- 독서 100
- 몸무게 73kg
- 블로그 100
- 독서·성공노트 4
- 만보 300
- 긍정·감사일기 300

미연
- 화훼기능사 (실기) 1
- 독서 50
- 홈트 150
- 블로그 30
- 6급 승진
- 팔천보 300
- 긍정·감사일기 300

채윤
- 독서 600
- 문제집 15
- 영어책 외우기 1
- 영어 캠프

책과 담쌓았던 우리 가족은 어떻게 1년 만에 1,000권을 읽었을까

③ 보물지도, 가족의 꿈을 담다

나는 학창 시절 공부할 때 그림으로 그려서 정리하는 것을 좋아했다. 학습한 내용을 정리해 그림으로 그려 이해했고, 복습할 때도 그걸 보면서 공부했다. 그래서 내 책에는 여기저기 크고 작은 그림들이 자리 잡고 있었다.

그림 실력이 뛰어나지 않아 볼품은 없었지만 내가 직접 그린 그림이라 나에게는 가장 알아보기 쉬운 그림이었다. 이렇게 그림으로 그려서 정리하면 복잡한 내용도 한눈에 파악하는 것이 가능하고, 짧은 시간에 여러 번 반복할 수 있어서 공부 시간을 절약할 수 있다. 그뿐만 아니라 친구에게 내용을 설명할 때도 글을 읽는 것보다 편하게 핵심 내용을 빠르게 전달할 수 있어 좋았다.

가족 비전과 계획, 목표 등을 글로 써서 거실 벽에 큼직하게 걸어두고 다이어리에도 작게 인쇄하여 붙여두었다. 그러나 역시 텍스트로만 이루어진 것이라 그런지 일단 눈이 가지 않았고 한 번에 보기에도 어려움이 있었다. 꿈을 이루기 위해서는 꿈을 자주 봐야 한다고 했는데 이래서는 자주 본다는 게 쉽지 않은 일이었다. 그래서 생각한 것이 우리의 비전과 목표를 그림으로 만들어 보자는 것이었다.

이런 생각을 가지고 관련 책을 몇 권 찾아 읽었는데, 그중에서 가장 쉽게 따라 해볼 수 있었던 책이 모치즈키 도시타카의 『당신의 소중한 꿈을 이루는 보물지도』였다. 이 책에서 말하는 '보물지도'라는 것은 마음속에 있는 흐릿한 소망을 눈앞에 명확한 이미지로 나타내는 것으로 미래에 이루고자 하는 꿈이 실현된 모습을 사진, 그림을 이용해 시각적으로 표현하는 것을 말한다. 여기서는 '보물지도'라고 했지만 드림 보드, 비전 보드, 꿈의 지도 등 여러 가지 용어로 사용되고 있다.

'읽으면 실천한다!' 이 책을 읽고 우리 가족은 곧바로 보물 지도를 만들었다. 우리에게는 이미 비전과 목표가 있었기에 바로 재료 수집에 들어갔다. 신문과 잡지, 인터넷 등에서 우리가 원하는 미래의 모습을 담고 있는 그림과 사진을 오리고 출력했다. 그리고 활짝 웃고 있는 가족사진을 종이 가운데 붙이고 이것을 중심으로 모아놓은 그림들을 주위에 보기 좋게 배치했다. 온 가족이 모여서 보물 지도를 만드는 과정 자체도 즐겁고 재미있는 시간이었다. 아이도 가위를 들고 사진을 오리고 붙이며 흥미 있어 했다.

이제 다음 사진과 같이 우리 가족의 멋진 보물 지도가 완성됐다. 먼저 가족의 공통된 꿈과 목표를 시각화했다. '천 권 가족'인 만큼 평생 가족과 함께 책을 많이 읽고 싶어서 책이 가득한 서재와 책이 높이 쌓여 있는 사진을 위쪽으로 배치했다. 다음으로 부자 가족이 되고 싶어 아파트와 빌딩, 고액권의 수표, 금화가 쌓여 있는 사진도 마음껏 넣었다. 그리고 가족 해외여행이라는 꿈이 있어 일본 유명 관광지 사진도 붙였다.

그리고 각자 자기 꿈의 모습을 찾아 사진을 붙였다. 나는 내 책을 꼭 쓰고 싶다는 꿈이 있어서 아직 나오지도 않은 책의 제목까지 써서 그림을 붙였고, 얼마 전부터 배우기 시작한 경매에도 관심이 많아 꼭 낙찰의 꿈을 이루겠다는 마음으로 낙찰 영수증에 내 이름을 적어 함께 넣었다. 참, 나중에 애완견을 키우고 싶어 귀여운 강아지 사진도 함께 넣었다.

지금 공무원으로 재직 중인 아내는 플로리스트의 꿈이 있기에 본인이 클래스를 운영하는 사진을 넣었고, 딸아이는 아직까지는 공무원이 꿈이라서 자기 사진을 넣은 공무원증을 만들어 붙였다.

신기한 것은 보물 지도를 만들 당시에는 '언젠가는 될 수도 있겠지.'라고 막연하게 생각했던 것 중 몇 가지가 1년도 안 되어 벌써 이뤄졌다는 것이다. '해외 가족여행'은 올해 여름에 일본으로 다녀왔는데 실제 보물 지도에 붙였던 그림과 같이 오사카 글리코상 앞에 가서 사진을 찍을 수 있었다. '내 책 쓰기'는 감사하게도 이 책이 출판사와 계약을 맺게 되면서 실현되었다. 경매 낙찰은 마음에 드는 물건을 찾아 곧 입찰에 도전할 계획이다. 아내도 얼마 전 화훼장식기능사 실기시험에 합격하며 플라워 클래스 운영하기에 한 발 더 다가갔다. 보물지도를 보며 생생하게 꿈을 그리면 우리는 그 꿈을 닮아간다.

아직 독자 여러분의 가정에 보물 지도가 없다면 꼭 한번 만들어 거실 벽에 붙이라고 추천한다. 보물 지도를 만드는 과정은 물론 매일 가족과 함께 꿈을 바라보며 그곳을 향해 나아갈 수 있다는 것에 행복해질 것이다.

<보물 지도>

가족 프로젝트로 성공 시나리오를 써라

우리 가족은 이제 빛나는 비전도 갖게 되었고 이에 맞춰 매년 가족 목표도 세웠다. 비전과 목표를 향해 열심히 달리기만 하면 된다. 그런데 한해, 두 해 가족 목표를 세우고 이를 이루기 위해 노력해 가면서 뭔가 아쉽고 부족한 점을 느끼기 시작했다. 아무런 기초 없이 어려운 문제를 푸는 기분이랄까? 고등학교 수학 문제를 풀기 위해서는 초등학교와 중학교 수학이 밑받침돼야 하는데 이런 과정 없이 덩그러니 고등학교 수학 문제지를 받은 것과 같은 느낌을 받았다.

물론 가족 비전을 향해 나아가는 과정에서 조금씩 부족한 점을 채워나가는 과정은 당연히 필요한 것이지만 나는 좀 더 근본적인 해결책을 원했다. 그래서 내가 생각한 것이 바로 '가족 프로젝트'였다.

내가 말하는 가족 프로젝트는 가족 비전을 실현하기 위해 특정 분야의 구체적인 목표를 설정하고 일정 기간 온 가족이 참여하여 집중적인 노력을 기울이는 것이다. 말하자면 가족 프로젝트는 전력 질주 구간이다. 뒤늦게 출발한 마라토너가 경쟁 선수를 이기기 위해서는 일정 거리를 100m 달리기하듯 달려야만 한다. 그래야 상대를 따라잡고 앞서 나갈 수 있는 것이다.

앞서 이야기한 바와 같이 우리 가족의 비전은 '잘 사는 우리 집, 행복한 우리 가족'이며, 분야별로 각각 '튼튼한 가족건강', '풍족한 가정경제', '즐거운 가정환경', '똑똑한 공부습관'이란 세부 비전을 설정하였다. 그리고 이 비전을 실천하기 위해 매년 가족 목표를 세웠다. 가족 프로젝트는 비전과 목표 사이에 있다. 프로젝트는 한 분야에 에너지를 집중해 성과를 내고, 이 성과를 비전과 목표 달성의 원동력으로 삼고자 한 것이다.

나중에 추가될 수는 있겠지만 우선 분야별 비전마다 1개의 프로젝트를 추진하고자 했다. '튼튼한 가족건강'을 위해서는 '튼튼 가족 프로젝트', '풍족한 가정경제'를 위해서는 '부자 가족 프로젝트', '즐거운 가정환경'을 위해서는 '해피 가족 프로젝트', '똑똑한 공부습관'을 위해서는 '천 권 가족 프로젝트'를 구상했다.

가족 프로젝트는 아직 진행 중이다. 현재 '부자 가족 프로젝트'가 진행 중이고, '튼튼 가족 프로젝트'와 '해피 가족 프로젝트'는 내년과 후년쯤 추진할 수 있을 것이다. 그리고 '천 권 가족 프로젝트'는 이미 성공적으로 완료했다.

많은 직장인이 회사에서 기획을 한다. 크게는 회사의 비전과 사명을 세우기도 하고 장·단기 업무계획도 세운다. 직원 단합대회, 사무실 환경정비 등 비교적 사소한 업무에 대한 계획서도 만들게 된다. 기획이란 우리가 어떤 일을 추진하기 위한 전체적인 계획을 세우고 필요한 제반 사항 정리해 적재적소에 지원되도록 정리하는 것이다.

나는 기획 부서에서 오랫동안 근무해서 다양한 업무를 경험할 수 있었다. 몇십 장이 넘는 계획서도 있고 한두 장짜리 보고서도 있었다. 최선을 다해 정보를 수집해 새로운 대안을 제시하고, 보기 좋고 예쁜 보고서를 만들려고 애썼다. 직장에서 내 능력을 평가받는 중요한 요소이기 때문이다. 그런데 어느 날 이런 생각이 들었다. '회사를 위한 기획은 이렇게 많이 하는데, 나와 가족을 위한 계획서는 한 장이라도 만들어봤던가?'

이 질문이 충격적으로 다가왔다. 직장인으로 회사업무에 최선을 다하는 것은 당연한 일이다. 하지만 회사에 출근해서 온종일 열심히 일하는 것도 나와 가족의 성공과 행복을 위한 것이라고 봤을 때 이를 위한 노력이 너무 없었다는 자각 때문이었다.

책과 담쌓았던 우리 가족은 어떻게 1년 만에 1,000권을 읽었을까

그래서 처음으로 나와 가족을 위한 새로운 기획을 해보기로 했다. 먼저 우리 가족의 비전을 세우고 매년 가족 목표를 만들었다. 그리고 첫 번째 가족 프로젝트인 '천 권 가족 프로젝트'를 기획하게 된 것이다.

'천 권 가족 프로젝트'는 우리 가족 세 명이 1년에 1,000권을 읽겠다는 것이다. 이를 우리 가족의 첫 프로젝트를 정해 추진한 이유는 무엇일까? 우리 집이 잘 살고, 우리 가족이 행복하기 위해 가장 기초가 되는 것이 독서라고 생각했다. '튼튼한 가족건강', '풍족한 가정경제', '즐거운 가정환경', '똑똑한 공부습관'이라는 분야별 비전을 달성하기 위해서도 독서가 든든한 주춧돌이 될 수 있다고 굳게 믿었다.

> 네 믿음은 네 생각이 된다. 네 생각은 네 말이 된다. 네 말은 네 행동이
> 된다. 네 행동은 네 습관이 된다. 네 습관은 네 가치가 된다. 네 가치는
> 네 운명이 된다.

마하트마 간디의 명언처럼 책이 모든 변화의 시작이 될 것이라는 강한 믿음은 우리 가족이 함께 책을 읽을 수 있도록 행동을 바꿨고, 독서 습관을 만들게 했고, 우리 가족의 운명이 되었다.

< '천 권 가족 프로젝트' 초기 구상안 >

천 권 가족 프로젝트
2021.10.01.~2022.09.30.

잘사는 우리 집
행복한 우리 가족

우리 가족은 1년에 1000권 읽는다!

여운현 230권	정미연 70권	여채윤 700권

실천하는 독서 Fulfill	언제나 독서 Always	함께하는 독서 Together	즐거운 독서 Enjoy

* 책으로 운명을 바꾸는 FATE 독서원칙

목표관리	독서습관	독후활동
① 월별목표 설정(매월)	④ 가족 독서시간(매일)	⑧ 독서토론회(매월)
② 독서기록(매일)	⑤ 도서관+카페(매주)	⑨ 아빠랑 독후감(매주)
③ 이달의 독서왕(매월)	⑥ 서점나들이(매월)	⑩ 실천활동 토론(매월)
	⑦ 독서여행(분기)	⑪ 독서행사 참여(수시)

月	火	水	木	金	土	日
독서기록, 가족 독서시간(21:00~21:30)					도서관+스벅, 아빠랑 독후감	

* 독서 WEEKEND(매월 마지막 주말) : 월별목표 점검, 이달의 독서왕 선발, 서점나들이 독서토론회 실천활동 토론 등
* 독서행사 참여(수시) : 도서관, 교육청 등

지금까지 우리 가족의 비전과 목표, 보물지도, 프로젝트를 만들게 된 계기와 과정, 내용을 설명했다. 한 가정이 행복과 성장을 향해 나아가는 데 큰 그림이 꼭 필요하다는 것을 말하고 싶었다.

이 모든 구상이 한 번에 이뤄진 것은 아니다. 가장 먼저 연간목표를 세우고 몇 년 실천하다 보니 더 큰 목적지가 필요할 것 같아 비전을 만들게 되었다. 비전과 목표를 시각화하기 위해 보물 지도를 만들었고, 집중적인 실천 기반을 마련하기 위해 가족 프로젝트를 설계하게 되었다. 그 첫 번째 프로젝트가 바로 이 책의 주제인 '천 권 가족 프로젝트'다.

이렇게 비전, 프로젝트, 목표 등을 그때그때 필요 때문에 만들고 실천해 왔지만, 전체적인 큰 그림이 없었기 때문에 이것들이 각각 어떻게 연결되고 있는지 체계적으로 정리해야겠다고 생각했다. 그래서 다음 그림과 같은 가족 비전 전략 체계가 잡혔다.

가장 먼저 가족 비전 '잘 사는 우리 집, 행복한 우리 가족'이 맨 위에 위치한다. 모든 것이 이 비전을 향해서 나아가야 하기 때문이다. 그리고 그 밑으로 분야별 비전이 있다. 건강, 경제, 가정, 공부(자기 계발) 등 4개의 세부적인 비전이다. 이 비전들의 실천 기반을 튼튼히 하기 위해 각각의 프로젝트가 존재한다. 각 프로젝트는 1년 단위로 실행되는데 '천 권 가족 프로젝트'가 성공리에 마무리되었고 현재 '부자 가족 프로젝트'가 진행 중이다. 분야별 비전과 프로젝트 사이에는 각각의 계획이 수립된다. 현재 '부자 가족 계획'과 '만권 가족 계획'이 수립된 상태다. 추후 나머지 두 개 분야에 대한 계획도 곧 수립될 예정이다. 참고로 별표(★)는 현재 마무리되었거나 진행 중이라는 표시다.

쉽게 생각해 각각의 분야별 비전을 실천하기 위한 장기적인 로드맵이 계획이고, 단기적인 실천 매뉴얼이 프로젝트라고 할 수 있다. 그리고 매년 목표 수립 및 실천은 모든 분야별 비전에 대해 관리하는 시스템이다. 보물 지도는 이러한 우리 가족의 비전을 담은 희망찬 미래 청사진이다. 우리가 도달하고자 하는 그곳의 행복한 모습을 시각적으로 바라볼 수 있게 한다.

사실 나도 처음부터 이런 전체적인 체계를 구상했던 것은 아니다. 더 나은 가족의 모습을 위해 이것저것 시도해 보면서 좋은 것은 계속하고, 잘못된 것들은 고쳐가며 우리 가족만의 비전 전략 체계를 완성하게 되었다.

혹시 이 책을 읽는 여러분도 가족의 변화를 위해 무언가를 해보고 싶다면 우리 가족의 비전 전략 체계를 따라가 보면 어떨까 감히 추천한다. 우리 가족이 진정 원하는 미래상이 무엇인지 정해보고 그곳으로 가기 위해 무엇을 해야 할지 깊이 고민해 보자. 비전(분야별 비전), 보물 지도, 분야별 계획, 프로젝트, 연도별 플랜을 만들고 체계적으로 엮어보자.

우리의 가족 비전 전략 체계가 완벽하지는 않지만 이를 따른다면 우리가 낭비했던 시간을 줄여 지름길로 들어설 수 있다. 그 과정에서 분명 당신 가족만의 새로운 길을 찾게 될 것이다. 자기 계발을 넘어 가족경영으로 나아가야 한다. 가족경영 속에서 자기 계발이 더 발전하고 가속화될 수 있다.

큰 그림을 그리자. 우리 가족이 오늘 걷는 걸음이 어디로 향하고 있는지 분명히 알아야 한다. 가족 모두 한 방향으로 나아갈 때 에너지가 집중된다. 각자 다른 방향으로 나가려 한다면 힘이 분산되기 마련이다. 비전 전략 체계를 세우는 것은 가족들을 비전이라는 한 방향으로 뛰게 하고 에너지를 한데 모아 우리 가족의 성공 사다리가 되어줄 것이다.

< 가족 비전 전략 체계 >

책과 담쌓았던 우리 가족은 어떻게 1년 만에 1,000권을 읽었을까

당신 가족만의 브랜드를 만들어라

초등학교에 다닐 때 자기소개를 하라고 하면 ○학년 ○반 누구라고 한다. 대학생은 ○○대학 ○○과 누구라고 했다. 직장에 들어와서는 ○○과 ○○팀장 누구라고 했다. 사실 이것은 자기소개가 아니고 내 소속에 대한 소개인데, 왜 우리는 이렇게 자기소개를 하게 된 것일까? 진짜 자기소개를 할 만한 것이 없기 때문이다.

가족을 소개할 때도 마찬가지다. 가족을 소개한다고 하면 아빠 누구, 엄마 누구, 딸 누구라고 말하는 게 대부분이다. 그 이상으로 소개하는 가족을 별로 본 적이 없다. 이것도 마찬가지로 다른 가족과 차별화된 우리 가족만의 진짜 소개 거리가 없기 때문이다. 나에 대한 자기소개도 그렇고 가족 소개도 그렇고 진짜 소개는 없다. 단지 자신이 어디에 속해 있고 그 속에서 어떤 역할을 담당하는지에 대한 것일 뿐이다.

심리학자인 박선웅 교수는 『정체성의 심리학』에서 정체성이란 자신에게 중요한 것이 무엇이고 자신에게 의미 있는 일이 무엇인지를 이해하고, 이를 바탕으로 삶의 방향에 대해 결단을 내린 정도라고 말했다. 뚜렷한 정체성은 행동 선택의 기준이 되고, 이 기준에 따른 행동들은 다시 우리의 정체성을 강화하는 역할을 한다.

『아주 작은 습관의 힘』에서 제임스 클리어는 정체성을 '사람을 움직이는 가장 큰 비밀'이라고 정의하며 진정한 행동 변화는 정체성의 변화에 기인한다고 말한다. 우리의 행동 뒤에 자리한 믿음이 변화하지 않는다면 그 변화는 유지되기 어려운 것이다.

책을 읽기 시작하며 나의 정체성은 '책을 읽는 사람'이었다. '천 권 가족 프로젝트'를 진행하며 우리 가족의 정체성은 '책을 읽는 가족'이 되었다. 우리 가족의 스타벅스의 닉네임도 '천 권 가족'으로 바꿨다. 우리가 주문한 커피를 나올 때마다 '천 권 가족'이라고 불리고 있다.

우리의 정체성이 책 읽는 가족으로 변하자, 우리의 행동도 정체성을 따라가기 시작했다. 이는 마치 정체성이라는 등대가 밝혀지면 우리 가족을 태운 배가 그 빛을 따라 방향을 잡고 나아가는 것과 같다. 책 읽는 가족이기 때문에 가족과 함께 모여 책을 펴는 것이 자연스럽게 되었고, 주말이면 도서관을 찾아 책을 읽게 되었고, 늘 책에 대해 서로 이야기할 수 있었다. 이것이 바로 제임스 클리어가 말한 정체성 변화에 따른 행동 변화가 아니겠는가.

우리 가족의 정체성이 '책 읽는 가족'인 것과는 별개로 독서는 자신의 정체성을 찾는 데도 아주 유용한 수단이다. 책을 읽으면서 자신을 인식할 수 있고, 책을 통해 나를 관찰할 수 있다. 나에 대해 알아가는 것, 내가 좋아하는 것은 무엇이고, 잘하는 것은 무엇인지 깨닫게 되는 것은 정체성을 만들어 가는 첫 단계라고 할 수 있다.

정체성을 만들어 가는 것은 단숨에 끝낼 수 있는 일은 아니다. 바쁜 일상이지만 가끔은 잠시 멈추고 '나'에 대해서 생각해 보자. 책을 읽고, 글을 쓰는 과정에서 '나'를 느껴보자. 그러한 과정에서 모호했던 나의 정체성이 뚜렷해진다. 개인의 정체성은 삶의 기준이 되고 꿈을 찾아가는 과정에서 나침반이 되어준다. 가족이 같은 정체성을 공유하고 있다면 행복으로 가는 지름길을 걷게 될 것이다. 인생의 많은 시간을 함께하는 가족이 뚜렷한 정체성을 가지고 있다면 모두에게 얼마나 큰 힘이 되겠는가.

정체성은 자연스럽게 브랜드와 연결된다. 그동안 나는 브랜드는 제품을 팔아야 하는 기업에만 필요한 것으로 생각해 왔다. 우리가 제품을 고를 때 브랜드의 영향력이 그만큼 크기 때문이다. 그러나 오늘날 브랜드는 기업에만 한정되어 있지 않고 점차 그 영역을 확대하고 있다. 기업은 물론 개인에게도 브랜드는 점점 더 중요해지고 있다. SNS와 유튜브의 출현으로 개인 브랜드의 사회적 영향력이 확대되고, 경제적인 수입과도 직결되고 있다. 기업뿐만 아니라 개인도 브랜드가 파워인 시대에 살고 있다.

그런데 가족의 브랜드를 이야기하는 사람은 지금까지 보지 못했다. 그만큼 가족 모두가 같은 정체성을 가지고 그 가족만의 브랜드를 만들어 간다는 것이 쉬운 일이 아니다. 우리는 '책 읽는 가족'이라는 정체성을 바탕으로 '천 권 가족'이라는 브랜드를 만들어 가고 있다. 아직 '천 권 가족'이라는 브랜드를 아는 사람이 많지 않지만 앞으로 계속 키워나간다면 훌륭한 가족 브랜드가 될 것으로 기대한다.

우리 가족은 평생 책을 읽어 갈 계획이므로 우리가 읽은 책들이 쌓여 갈수록 '천 권 가족'이라는 브랜드도 성장해 나갈 것이다. 이제 막 탄생한 '천 권 가족' 브랜드를 키워나가기 위해 어떤 노력이 필요할까?

지금까지 읽어온 우리 가족의 독서 경험을 바탕으로 다양한 콘텐츠를 만들고 공유해야 한다. 내 노트에 정리하던 독서 기록을 SNS에도 올려 볼 계획이다. 아직 용기를 내지 못하고 있지만, 유튜브 채널도 만들어 보고 싶다.

우리 가족이 브랜드를 키워가려는 이유는 가족 독서 습관을 만들려는 사람들에게 '천 권 가족'의 콘텐츠가 조금이나마 도움이 되었으면 하는 바람에 있는 것으로 이 책을 쓰는 이유와도 같다. '어떻게 하면 가족과 함께 책을 잘 읽을 수 있을까?'라는 고민에 대해 우리가 지난 1년간 책을 읽으며 얻은 나름의 답안을 제시하고, 새롭게 책을 읽으려는 가족이 우리가 겪었던 시행착오를 줄이는 데 도움이 될 수 있다면 얼마나 좋을까.

'천 권 가족'이라는 브랜드가 우리 가족이 성장하고 있다는 증거가 됐으면 하는 소망이다. 누군가 '가족과 함께 책을 읽고 싶은데 어떻게 해야하지?'라는 의문이 들 때 '천 권 가족'이 바로 떠오르고 이를 통해 작은 도움을 받았으면 하는 바람이다. 이제 우리 가족의 브랜드는 출발선에 서 있지만 1년간 1,000권의 책을 읽은 성공 경험과 꾸준함을 무기로 가족 브랜드도 무럭무럭 키워나갈 수 있으리라 확신한다.

공짜 점심은 없다

미국의 서부 개척 시대 많은 술집이 우후죽순 들어서면서 손님을 끌기 위한 경쟁이 치열해졌다. 일부 술집에서 술을 마시는 손님들에게 공짜 점심을 준다는 마케팅을 해서 실제로 많은 사람이 몰려왔다. 그러나 사실 비싼 술값에 이미 점심값이 포함되어 있었기 때문에 사람들이 기대하는 '공짜 점심'은 결코 없었다.

이후 미국의 경제학자 밀턴 프리드먼이 '경제학을 여덟 단어로 표현하면(Economics in Eight Words)'이라는 글에서 '공짜 점심은 없다(There's no such thing as a free lunch)'라고 말하며 유명해졌다. 경제학에서 이 말은 어떤 이익을 얻기 위해서는 반드시 그에 상응하는 대가가 발생한다는 의미로 쓰인다.

무엇인가를 얻기 위해서는 무엇인가를 써야 한다. 너무나 당연하게 들리지만, 우리 사회에는 공짜 점심을 바라는 사람들이 너무 많다. 공부는 하지 않고 좋은 대학에 가기를 바란다. 열심히 저축하거나 아끼는 노력 없이 일확천금을 노린다. 운동은 하지 않으면서 멋진 몸매를 원한다. 그러나 결코 공짜 점심은 없다.

독서 습관을 만들기 위해서도 마찬가지다. 독서 습관을 만들고 싶다는 욕심만으로 하루아침에 책 읽기가 몸에 익지 않는다. 독서 목표를 세우고 매일 꾸준히 책장을 넘기는 노력이 있어야 한다. 주말마다 도서관과 서점을 찾아 읽을 책을 구해야 한다. 독서 노트를 만들어 읽은 책을 정리하고 실천 거리를 찾아 행동으로 옮겨야 한다. 가족과 함께 책을 읽기 위한 다양한 노력이 있어야 한다. 이러한 노력이 있어야 가족 독서 습관이라는 값진 열매를 맺을 수 있다. 노력이라는 비용을 지급해야 가족 독서 습관이라는 점심을 맛있게 먹을 수 있다.

앞의 제4장(가족과 함께 읽는 것이 인생을 바꾸는 힘이다)에서 책을 읽으면 얻게 되는 것들에 관해서 이야기했다. 우리 가족은 독서를 통해 함께 성장하며 행복을 일굴 수 있게 되었고, 꿈을 향해 걸어가는 가족이 될 수 있었다. 긍정적인 사고를 바탕으로 건강하고 풍요로운 가족이 되는 기초를 마련할 수 있었다. 이러한 성과들은 책을 읽었기 때문에 얻을 수 있는 결과물이다. 이 또한 '공짜 점심은 없다'는 인식을 바탕으로 꾸준한 독서를 향한 우리 가족의 지속적인 노력이 있었기에 가능한 일들이었다.

경제학에서 '기회비용'이란 개념은 어떤 선택으로 인해 포기된 기회가 갖는 가치 중에 가장 큰 것을 의미한다. 모든 선택에는 기회비용이 발생한다. 내가 어떤 일을 하기로 선택한다면 이 선택으로 인해서 하지 못하게 되는 다른 어떤 것이 있게 마련이다. 그래서 우리는 좋은 선택을 위해 항상 기회비용은 고려해야 한다.

우리가 지금 하는 모든 행동에도 기회비용이 발생하고 있다. TV를 보고 있다면 TV를 봄으로써 하지 못하는 다른 일들이 있다. 낮잠을 잔다면 낮잠을 자기 때문에 다른 것을 하지 못하므로 기회비용이 발생한다. 퇴근 후 술 한잔을 마시게 되면 이로써 할 수 없게 되는 일들이 있게 된다.

기회비용이 무엇이 될지는 상황과 사람에 따라 다르다. TV를 보거나 낮잠을 자기 때문에, 술을 한잔해서 내가 포기하게 되는 가장 큰 가치를 가진 일은 무엇인가? 우리 가족에게 그 기회비용은 바로 독서였다. 책을 읽어 나갈수록 독서의 가치가 점점 커지는 것을 느낄 수 있었다.

어느 순간 독서가 지금 하는 일의 가치보다 더 커졌다는 것을 깨닫게 된다면 당연히 독서를 선택해야 한다. 그래서 우리 가족은 독서를 시작했다. 처음에는 가족 독서의 가치가 다른 선택보다 작았지만, 책을 읽을수록 그 가치가 점점 커져 결국엔 다른 선택의 가치보다 몸집을 키워나갔기 때문이다.

가족 독서 습관을 원한다면 공짜 점심은 없다는 인식으로 그에 합당한 노력이 있어야 한다. 사실 독서 습관뿐 아니라 세상의 모든 일이 마찬가지다. 맛있는 점심을 위해 정당한 대가를 치르자.

아무것도 하지 않으면 아무 일도 일어나지 않는다

얼마 전 먹고사는 것이 바빠 오랜만에 만난 대학 친구에게 '넌 옛날 그
대로네.'라는 말을 들었다. 당시에는 반가운 마음에 의례적인 인사로 여
기며 별 신경을 쓰지 않았는데 친구와 헤어지고 며칠 동안 그 말이 머릿
속을 떠나지 않았다. 이 친구를 만난 것이 10여 년 만이었는데 나는 정말
로 변한 것이 없었다. 여전히 같은 집에서 살고 있었고, 같은 직장을 다
니고 있었으며, 10년 전과 같은 크기의 내면에 머물러 있었다.

고인 물이 썩기 마련인 것처럼 우리의 삶도 변화 없이 정체되면 진짜 살
아 있는 것이라고 할 수 없다. 인생의 진정한 목적은 자신의 궁극적인 목
표를 향해 매일 성장해 나가는 것이다. 속도는 중요하지 않다. 그러나 성
장을 위해 변화를 지속하는 것은 가치 있는 삶에 있어 중요한 조건이다.

내일 더 나아진 나를 만나기 위해서는 오늘 변화의 밀알을 심어야만 한
다. 지금 내가 한 작은 행동이 한 달 후, 1년 후, 5년 후에 어떤 결과를 가

져올 것인지 아무도 알 수 없다. 그러나 지금 우리의 이 몸짓이 시간이 흐른 뒤에 값진 결실로 돌아올 수 있다는 것을 믿으며 행동에 나서야 한다.

나비효과란 말은 미국의 기상학자 로렌즈가 사용한 용어로 '브라질에 있는 나비의 날갯짓이 텍사스에 토네이도를 일으킬 수 있다.'라는 한 문장으로 표현된다. 부분의 사소한 변화가 전체에 막대한 영향을 줄 수 있음을 설명하고 있다. 스노우볼 효과라는 말도 비슷한 의미인데, 우리가 언덕 위에서 작은 눈덩이를 밑으로 굴리면 눈이 뭉치면서 커다란 눈덩이가 된다는 것이다. 이 말은 금융 분야에서 복리 효과를 설명하기 위해 자주 사용하기도 한다.

나비효과와 스노우볼 효과는 큰 변화도 미미한 시작에서 출발한다는 것을 말하고 있다. 이 두 효과를 한마디로 정리하면 '아무것도 하지 않으면 아무 일도 일어나지 않는다'는 것이다. 사실 이것은 『미움받을 용기』로 유명한 기시미 이치로가 쓴 책의 제목이기도 하다. 『미움받을 용기』와 마찬가지로 이 책도 아들러 심리학을 주제로 하는데, 2016년 일본 NHK에서 기시미 이치로가 강연한 내용을 엮은 것이다.

알프레드 아들러는 오스트리아 출신의 심리학자로 프로이트, 융과 함께 심리학의 삼대 거장으로 평가받는다. 아들러 심리학은 프로이트의 정신분석 이론인 무의식 결정론을 넘어 개인 심리학, 실천 심리학으로 불리며 많은 사람에게 영향을 끼쳤다. 아들러는 타고난 기질이나 과거의 경험만이 그 사람의 정신세계를 결정하는 것이 아니라 개인의 행동에 따라 충분히 변화할 수 있다고 봤다. 내가 가장 주목한 부분은 삶에 대한 의미 부여에 대한 것인데, 인생의 의미에 대한 해석이 행동에 반영된다고 주장한다. 이러한 주장에 따르면 인생의 의미에 대한 해석을 바꾸지 않는 이상 행동은 절대 바뀌지 않는다. 바로 이 부분이 아들러 심리학을 기존의 결정론과 차별화시키는 지점이다.

아무 일도 하지 않으면 아무 일도 일어나지 않는다. 무엇이든 해야 어떤 일이라도 일어난다. 그러나 그 행동이 긍정적인 변화를 불러일으키기 위해서는 그것에 올바른 의미를 부여하는 것이 중요하다. 지금의 행동을 어떻게 해석하고 내 인생에 어떤 의미를 갖게 하느냐에 따라 행동 여부가 결정된다. 또한, 내가 한 행동에 어떤 의미를 담느냐에 따라 다음에 어떤 행동이 이어질지 결정되고 그에 따라 모든 것이 달라진다.

내 삶에 의미 있는 행동을 하자. 나에게는 그것이 가족과 함께 책을 읽는 것이었다. 독서라는 의미 있는 일을 했기 때문에 지금 우리는 많은 변화를 맞이하고 있다. 그리고 이것이 다음에 어떤 일로 이어질지 우리 가족은 희망찬 내일을 기대하고 있다.

우직하게, 꾸준하게

'사람은 책을 만들고 책은 사람을 만든다.'라는 교보문고 창립자 신용호 회장의 말은 들을수록 명언이다. 독일 소설가 마르틴 발저도 '우리는 우리가 읽는 것으로 만들어진다.'라고 했으니 이 역시 책을 읽을수록 가슴에 와닿는 말이다. 독서를 통해 우리의 삶을 변화시킬 수 있다는 확신이 담긴 문장들이다.

내가 책을 읽고 삶이 점차 진화하는 것을 느낀 것은 꾸준한 독서로 생각이 바뀌고 그 생각이 행동을 바꾸는 스스로의 경험에 의한 것이었다. 이러한 경험은 한두 권의 독서로는 결코 겪을 수 없다. 적어도 1년 이상의 지속적인 독서와 실천을 통해서 자신의 의식을 바꾸고 이를 행동으로 옮길 때만 가능하다.

여기서 중요한 것이 '꾸준함'이다. 펜실베니아 대학교의 심리학과 교수인 앤젤라 더크워스의 책 『그릿(GRIT)』에서는 성공의 조건으로 끈기를 강조하고 있다. 그릿이란 특정의 상위 목표를 달성하겠다는 열정과 이를 완수하는 끈기를 말한다. '성취 = 기술 × 노력'이고, '기술 = 재능 × 노력'이므로 '성취 = 재능 × 노력²'이라는 공식이 도출된다. 결국, 성취는 타고난 재능보다는 열정과 끈기가 섞인 후천적인 노력이 훨씬 중요하다는 것이다.

이 책에서는 그릿이 갖는 네 가지 공통된 심리적 자산이 나오는데 관심, 연습, 목적, 희망이 그것이다. 먼저 하는 일을 즐기고 전념해 일의 의미를 발견하는 관심이 있어야 하고, 지금보다 나아지기 위한 충분한 연습이 필요하다. 자신의 일이 중요하다는 확신은 그릿을 계속 유지하는 목적이 되고, 위기를 대처하게 해주는 끈기와 투지라는 희망이 된다.

'천 권 가족'이 되기 위한 그릿도 마찬가지였다. 앞의 네 가지 방법을 적용해 보면, 책에 관한 관심을 분명히 하고 매일 책을 읽는 의식적인 연습을 한다. 책을 통해 가족의 행복과 성장을 이끈다는 분명한 목적의식 아래 그 목표를 향해 나아가다 잠시 주저하고 멈추더라도 다시 시작한다는 마음으로 희망을 품는 것이다.

산에 오를 때마다 매번 배우는 것은 정상에 도착하는 방법은 오직 하나뿐이라는 사실이다. 정상에 오르는 유일한 방법은 정상을 바라보며 꾸준히 한 걸음씩 나아가는 것뿐이다. 산을 오르다 보면 누구나 지치는 순간이 오게 마련이다. 걸음을 멈추고 잠시 쉬더라도 다시 일어나 발을 떼야만 정상에 올라 멋진 풍경을 내려다볼 수 있다.

우리가 살아가며 무엇인가 이루기 위해서도 마찬가지다. 목표를 정하고 이를 성취하기 위해 매일 꾸준히 노력해야 한다. 이러한 과정 없이는 아무리 작은 목표라고 할지라도 달성할 수 없다. '천 권 가족 프로젝트'의 성공도 꾸준함이 있었기에 가능했다. 1년에 1,000권 읽는다는 목표를 향해 매일 꾸준히 책을 읽어온 우리 가족의 노력이 있었다.

지금 이 책을 쓰는 것도 매일 정해진 분량의 글을 우직하게 쓰는 과정이 꾸준하게 반복되며 누적된 결과다. 성공이란 공중에서 폭죽처럼 한 번에 펑 터지는 것이 아니라 밑에서부터 차근차근 쌓아가야 하는 것이다.

다시 『그릿(GRIT)』 이야기로 돌아와서, '천 권 가족 프로젝트'를 진행하며 아이와 함께 책을 읽는 나에게 남다르게 다가온 문장이 있다.

자녀에게 그릿이 생기기를 바란다면 당신 자신이 인생의 목표에 얼마만큼 열정과 끈기를 가지고 있는지 질문해 보라.

내가 목표를 향해 열심히 노력하는 모습이 아이가 그릿을 갖게 하는 중요한 요인이라는 것이다. 목표 달성을 위해 노력해야 할 이유가 하나 더 생긴 것이다. 우리 아이가 꿈을 향해 열심히 노력하는 모습은 모든 부모가 보기 원하는 것이다. 이를 위해 부모가 해야 할 중요한 임무 중의 하나가 부모 자신의 꿈을 이루기 위해 하루하루 노력하는 모습을 자녀에게 보여주는 것이다.

아이는 부모의 뒷모습을 보고 자란다는 말이 있다. 부모가 살아가는 모습이 아이에게 그대로 전달된다. 가족과 함께 책을 읽으며 1년 동안 1,000권의 책을 읽겠다는 목표를 향해 우직하고 꾸준하게 노력하는 과정은 우리 아이가 삶을 살아가는 데 있어 무엇과도 바꿀 수 없는 소중한 자산이 될 것이다.

무조건 시작하라

회사에 일이 많아서 주말에 출근할 때가 종종 있는데 이때 가장 힘든 것은 집을 나서는 일이다. 평일과 달리 주말은 출근 시간이 정해져 있지 않기 때문에 집을 나서지 못하고 계속 게으름을 피우는 것이다. 그러나 일단 문을 열고 나오면 어떻게든 회사까지 오게 된다.

비행기는 이륙할 때 연료의 50% 이상을 쓴다고 한다. 무거운 동체를 하늘로 날아 올리기 위해 많은 에너지가 필요한 것이다. 말 그대로 시작이 반이다. 그만큼 시작하기는 어렵다.

그러나 시작하지 않고서는 아무것도 이룰 수 없다. 세상의 모든 성취는 시작에서 출발했다. '천 권 가족 프로젝트'도 마찬가지다. 가족과 함께 책을 읽기로 결심하고, 실제로 함께 모여 책의 첫 장을 넘기는 시작이 있었기에 1년간 1,003권을 읽는 결실을 볼 수 있었다. 시작이 중요하다. 그래서 여기서는 가족 독서를 시작하는 데 도움이 될 만한 방법을 정리했다.

가족 독서를 시작하는 가장 좋은 방법은 가볍게 시작하는 것이다. 가볍게 시작하라. 독서는 평생 가져가야 할 습관이기 때문에 멀리 내다보고 출발해야 한다. 그런데 처음부터 마음의 부담을 무겁게 짊어지고는 결코 멀리 갈 수 없다. 이번에도 작심삼일이 되기 싫다면 가볍게 시작해야 한다.

봄소풍 가듯 즐거운 마음으로 가벼운 배낭을 메고 '천 권 가족'을 향해 출발해야 한다. 내가 제일 좋아하는 책을 하루 30분 읽는 것에서 출발하자. 책 읽기가 즐거워야 한다. 1년에 1,000권 읽는다는 정량적인 목표도 중요하지만, 그 한 권 한 권을 읽는 과정의 즐거움도 중요하다. 처음부터 너무 욕심부리지 않아도 된다. 우리의 책 읽기는 '빨리'보다는 '꾸준히'가 중요하기 때문이다.

가족 독서를 시작하는 또 다른 방법은 나부터 시작하라는 것이다. 어느 조직이나 마찬가지로 변화를 위해서는 촉진자가 필요하다. 아무리 변화의 필요성과 정당성이 확보되었더라도 변화의 불꽃을 피울 불쏘시개가 있어야 하기 때문이다. 외롭고 힘든 길일 수 있지만, 조직의 변화를 위해 반드시 누군가가 맡아야 하는 역할이다.

그러면 '천 권 가족'의 촉진자는 누가 해야 할까? 이 책을 읽는 당신이 촉진자가 되어야 한다. 당신이 엄마든, 아빠든, 아들·딸이든 모두 좋다. 이 책을 읽고 내가 우리 가족의 독서 촉진자가 되겠다고 다짐하면 된다. 그리고 이 책에서 권하는 '천 권 가족 독서법' 중 마음에 닿는 한두 가지를 먼저 실천해 보길 권한다.

처음부터 억지로 끌고 갈 수는 없다. 그저 나의 책 읽는 모습을 가족에게 보여준다는 마음으로 책을 읽어라. 읽고 있는 책 속의 멋진 문장을 한번 소리 내어 읽어보기도 하고, 어제 읽은 책을 소개하는 것도 시도해 보자. 처음에는 가족이 여러분의 책 읽는 모습을 보고 깜짝 놀랄 수도 있다. '사람이 갑자기 변하면 죽는다.'고 걱정해 줄지도 모르겠다. 책은 무슨 책이냐며 같이 드라마나 보자고 꾈지도 모른다. 이런 유혹을 견디며 꾸준히 책을 읽어야 한다. 그러면 분명 슬슬 관심을 가지는 가족이 생기게 된다.

이제 그 가족을 포섭해 내 편으로 만들고 책을 함께 읽어 가자. 그 가족이 읽을 책을 직접 구해주고 같은 시간에 책을 읽는다. 급할 것은 하나도 없다. 1차 포섭이 마무리되었다면 그다음 사람을 '천 권 가족'으로 포섭하자. 당신이 진지하고 꾸준하게 노력한다면 머지않아 모든 가족의 손에 책이 들려 있을 것이다. 그러면 일단 촉진자의 역할은 대성공이다. 이제 가족의 독서는 촉진자 혼자가 아닌 모든 구성원이 주인공이 되어 함께 끌고 나가게 될 것이다. 앞으로 나아갈 수 있도록 시동을 거는 역할이 바로 촉진자의 일이다. 일단 시동이 걸렸다면 앞으로 굴러가는 것은 어렵지 않다.

가족 독서 시작을 위한 마지막 추천 방법은 지금 당장 시작하라는 것이다. 지금 당장 시작하라. 바로 지금이 책 읽기를 시작할 때이다. '책을 읽으면 좋지. 나도 언젠가 책을 읽어야지.'라는 생각이 계속 머리 한구석에 자리 잡고 있었지만, 실제로 책을 펼 때까지는 꽤 오랜 시간이 걸렸다. '언젠가'는 언제나 '언젠가'로 남아 있을 뿐이다. 많은 사람이 시작을 생각하고 있지만 진짜 시작하는 사람은 소수에 불과하다.

어디 독서뿐이겠는가? 영어 공부, 다이어트, 운동, 글쓰기 등 매년 새해 목표에 빠지지 않는 것들은 대부분 시작하기가 참 어렵다. 작심삼일로 끝나는 사람을 놀리곤 하는데, 그들은 그나마 낫다. 아예 시작하지 못하는 사람도 많으니까. 어쩌면 곧 포기하게 될 자기 모습이 두려워 출발하지도 못하는 마음도 분명 존재한다.

우리 가족도 '천 권 가족'이 되기로 결심하고 함께 책을 읽기까지도 짧지 않은 시간이 필요했다. 첫발을 내딛기가 참으로 힘든 일이다. 『일생에 한 번은 고수를 만나라』에서 한근태 작가는 각 분야에서 경지에 오른 사람들의 비법을 공개하고 있는데 그중 하나가 바로 '과감한 시작'이다. 매일 생각만 하고 행동하지 않는 사람들에게 우선 저질러야 한다고 말한다. 준비가 다소 미흡하더라도 행동으로 옮기라고 충고한다.

다음은 미국의 목회자이자 『적극적 사고방식』의 저자인 노만 빈센트 필의 말이다.

행동하지 않는 것은 두려움의 결과이자 원인이다. 행동이 성공을 보장한다. 어떤 행동이든 하는 것이 하지 않는 것보다는 낫다.

변화를 위해 독서를 선택한 우리, 이제 행동에 옮겨야 할 때이다. 내일이 아니고 오늘! 바로 지금 가족과 함께 책을 읽어야 한다.

에필로그
지금이 바로 가족과 함께 책을 읽어야 할 때

『책과 담쌓았던 우리 가족은 어떻게 1년 만에 1,000권을 읽었을까』를 끝까지 읽어주신 독자 여러분께 진심으로 감사의 마음을 전한다. 이 책을 통해 내가 말하고자 하는 바를 한마디로 요약하면 '가족과 함께 책을 읽자!'라는 것이다. 조금 더 문장을 늘릴 수 있다면 '가족과 함께 언제나 즐겁게 책을 읽고 실천하자!'로 하고 싶다. 책에서 이야기했던 FATE(Fulfill, Always, Together, Enjoy) 독서원칙을 추가로 담았다.

책을 읽으면 내 삶이 바뀐다. 가족과 함께 책을 읽으면 가족의 미래가 바뀐다. 내가 처음 책을 접했던 것이 바로 변화를 위해서였고, 이 긍정적인 변화를 가족과 함께하기 위해 '천 권 가족 프로젝트'를 시작하게 되었다. 우리 가족이 '천 권 가족 프로젝트'를 진행하며 알게 된 '가족 독서의 힘'을 널리 알리고 싶었고, 경험을 통해 체득한 '천 권 가족 독서법'을 한 사람이라도 더 공유하고 싶었다. 책을 읽어 갈수록 가족과 함께 책을 읽는 것이 정말 좋다는 것을 확신할 수 있었고, 이를 알리고 싶은 마음에 책 쓰기 욕심은 점점 커졌다.

그러나 책을 읽는 것과 책을 쓰는 것은 전혀 다른 차원의 일이었다. 하고 싶은 이야기는 많은데 머릿속에 뒤죽박죽 섞여 있어 어디부터 어떻게 풀어가야 할지 막막했다. 그러나 '천 권 가족 프로젝트'의 성공이라는 자신감을 바탕으로 '내 책 쓰기'의 목표를 만들고, 계획을 세우고, 관리하고 실행하기를 통해 드디어 이 책을 완성할 수 있었다.

책 쓰기는 나의 오랜 꿈이었다. 막연한 소망으로 자리 잡고 있던 꿈이 책을 읽으며 점점 구체화되었다. 한 권 한 권 책을 읽듯이 한 줄 한 줄 글을 썼지만, 늘어나는 페이지만큼 걱정도 커졌다.

내가 책을 쓸 만한 사람인가?
내가 쓴 책을 누가 봐줄까?
이런 내용을 책으로 만들 수 있을까?
괜히 쓸데없는 짓을 하는 것은 아닐까?

이런저런 걱정을 이겨내고 소중한 출간의 기회를 얻을 수 있었던 것은 우리 가족의 작은 경험이지만 누군가에게는 도움이 될 것이라는 믿음이

용기로 치환되었기 때문이다. 이 책을 통해 한 가족이라도 독서 습관을 갖게 되고, 이를 통해 삶의 변곡점을 만들어 낼 수 있다면 나에게는 더없는 영광이 될 것이다.

성공하기 위해서는 세 가지를 바꿔야 한다. 보내는 시간, 머무는 장소, 만나는 사람이 그것이다. 놀랍게도 책을 읽으면 이 세 가지를 모두 바꿀 수 있다. 의미 없던 시간을 독서로 채우고, 책이 있는 도서관을 찾아가며, 책 속에서 훌륭한 멘토를 만날 수 있기 때문이다. 가족과 함께 책을 읽는다면 어제와 다른 새로운 가족과 만나게 될 것이다. '오십 권 가족'도 좋고, '백 권 가족'도 좋고, '천 권 가족'도 좋다. 가족과 함께 책을 읽자!

책을 읽을수록 후회하게 되었다. 지금까지 책을 읽자고 실컷 이야기해 놓고 인제 와서 이게 무슨 말인가 하겠지만 사실이다. 책을 읽을수록 이 좋은 것을 왜 이제야 시작했을까 하는 마음이 커졌다. 늦었다는 아쉬움이었다. 그러나 지금이라도 이렇게 가족과 함께 책을 읽을 수 있어 정말 다행이고 감사하다고 생각한다.

다시 한번 강조하지만, 중요한 것은 시작하는 것이다. 생각만 하지 말고 행동으로 옮겨야 한다. 이 책을 읽고 책을 읽어야겠다는 생각이 들었다면 바로 책을 집어 들자. 가족들에게 같이 책을 읽어보자고 말해보자.

이제 독자 여러분의 힘찬 출발을 응원하는 마음을 담아 소설가 마크 트웨인의 명언을 전하고 싶다.

20년 후 당신은 했던 일보다 하지 않았던 일로 인해 더 실망할 것이다. 그러므로 돛 줄을 던져라. 안전한 항구를 떠나 항해하라. 당신의 돛에 무역풍을 가득 담아라. 탐험하라. 꿈꾸라. 발견하라.

마지막으로 '천 권 가족 프로젝트'를 함께 성공으로 이끈 주인공이자 이 책의 감수자이기도 한 사랑하는 아내 정미연과 딸 여채윤에게 감사의 인사를 전한다. 아울러 이 책이 나오는 데 아낌없는 조언과 격려를 보내주신 미다스북스 관계자 여러분께도 진심으로 감사드린다.

2024. 1. 여 운 현

부록

[초보 독서 가족 실천 매뉴얼]
'천 권 가족'도 '열 권 가족'부터

.

독자 여러분께서 『책과 담쌓았던 우리 가족은 어떻게 1년 만에 1,000권을 읽었을까』를 읽고 '우리도 '천 권 가족'에 도전해 볼까?'라는 생각이 들었다면 나는 정말 기쁠 것이다. 가족과 함께 책을 읽겠다는 마음이 싹텄다면 이 책은 이미 반은 성공한 것이기 때문이다.

그런데 막상 '1년에 1,000권 읽는다.'라는 '천 권 가족 프로젝트'에 도전하려니 '1년'이라는 시간과 '1,000권'이라는 숫자의 벽 앞에서 멈추게 되지 않을까 걱정이다. 또 '이제 뭘 해야 할까'라는 막막함에 실천을 자꾸만 뒤로 미루고 있는 것은 아닌지도 우려스럽다.

그래서 부록으로 마련한 것이 '초보 독서 가족 실천 매뉴얼 – '천 권 가족'도 '열 권 가족'부터'다. 이제 막 독서를 시작하는 가족을 위한 워크북이라고 생각하면 좋겠다.

이 매뉴얼은 책과 담쌓은 세 명의 가족이 1주일에 10권 읽는 '열 권 가족 프로젝트'를 구상하며 만들었다. 책의 제2장(독서는 시스템이다) 독서 시스템 만들기와 제3장(우리 가족은 이렇게 1년 만에 1,000권을 읽었다) '천 권 가족 독서법'을 바탕으로 초보 독서 가족에 맞춰 5단계로 구성했다. 단계마다 '열 권 가족'에 맞춰 예시를 들고 있으니, 이를 참고해서 각자의 독서 수준과 가족 구성에 따라 적절히 수정해서 활용할 수 있을 것이다.

단계별로 주어진 미션을 주어진 서식에 맞춰 직접 작성하며 따라가다 보면 어느새 '열 권 가족 프로젝트'의 성공을 맛보고, '천 권 가족'에 도전하는 독자 여러분의 가족을 만날 수 있을 것으로 믿는다.

첫 단계로 들어가기 전에 해야 할 일은 이 책을 다시 한번 읽고 지금 바로 가족 독서를 시작하겠다는 의지를 불태우는 것이다. 그럼, 이제 여러분의 독서 의지가 활활 타오른다고 믿으며 '초보 독서 가족 실천 매뉴얼 – '천 권 가족'도 '열 권 가족'부터'를 시작한다.

STEP 1. 독서 목표 설정
우리 가족은 1주일에 10권 읽는다!

가장 먼저 독서 목표를 설정해야 한다. 얼마나 읽어야 할까? 책이야 언제나 많이 읽을수록 좋겠지만 앞에서 말한 것처럼 이 매뉴얼은 책과 담쌓은 초보 독서 가족을 위한 것이다. 그래서 목표는 누구나 의지를 갖고 조금만 노력하면 성취가 가능한 수준으로 정했다. '열 권 가족 프로젝트'를 통해 제시하는 목표는 다음과 같다.

< '열 권 가족'의 독서 목표 >

우리 가족은 1주일에 10권 읽는다!				2024.1.1.~1.7.	
아빠	2권	엄마	1권	딸	7권

책을 처음 읽기 시작한다는 점을 고려해 프로젝트 기간은 1주일로 짧게 잡고, 독서량도 10권으로 정했다. 아빠가 2권, 엄마가 1권, 초등학생 자녀가 7권이다. 아무리 책을 안 읽었던 사람이라고 해도 조금만 노력하

면 1주일에 1~2권을 읽는 것은 가능하다. 다만 초등학생 자녀는 하루에 1권은 꼭 읽는 것으로 목표를 잡아야 한다. 어린 시절 독서 습관을 뿌리 내리는 것이 무엇보다 중요하기 때문에 아이의 하루 1권 독서 목표는 양보하지 말자. 1주일 10권이 너무 적게 느껴지는가? 1주일에 10권만 읽어도 1년이면 520권을 읽게 된다. 1주일에 10권만 읽어도 단숨에 '오백 권 가족'이 되는 것이다.

그럼, 여러분 가족의 독서 목표를 아래에 적어보자. 앞의 '열 권 가족'의 독서 목표를 그대로 가져다 써도 좋고, 가족 구성원이 많거나 조금 더 자신이 있다면 독서량을 늘려도 좋다.

다만, 1주일이라는 기간은 그대로 유지하는 것이 좋다. 우리는 아직 초보 독서 가족이기 때문에 장거리를 뛰기에는 체력이 부족하다는 것을 명심하자. 이제 만들어진 목표를 큰 종이에 가족과 함께 예쁘게 쓰고 꾸며서 거실 벽에 붙여 놓자. 그리고 매일 바라보자.

< 당신 가족의 독서 목표(가족 공동 작성) >

우리 가족은 1주일에 (　　)권 읽는다!		20 . . .~ . .	
(　　)권		(　　)권	(　　)권

STEP 2. 독서계획 수립
목표한 책을 읽기 위한 시간을 확보하라

STEP 1에서 독서 목표를 정했다면 STEP 2에서는 이 목표를 어떻게 실현할지에 대한 계획을 만든다. 예를 들어 '열 권 가족'의 아빠는 1주일에 2권을 읽겠다고 목표를 설정했다. 보통 단행본이 250~300쪽이고, 독서 초보의 책 읽는 속도를 시간당 50~60쪽이라고 생각하면 1권을 읽는데 5시간, 2권을 읽기 위해서는 10시간이 필요하다.

STEP 2의 독서계획은 1주일 동안 이 10시간을 어떻게 마련할 것인가 하는 것이다. 이 아빠는 아침에 1시간을 독서 시간으로 정했다. 다른 때보다 기상을 1시간 당겨 독서 시간을 확보했다. 사내 식당에서 점심을 먹는 매주 수요일은 식사를 마치고 30분 정도 책을 읽기로 했다. 그리고 가족 독서 시간은 매일 30분을 지키며 1주일간 10시간의 독서 시간을 확보할 수 있다. 다음은 '열 권 가족' 아빠의 독서계획이다.

< '열 권 가족' 아빠의 독서계획 >

1주일 독서 시간 10H						
월	화	수	목	금	토	일
아침 1H	아침 1H	아침 1H	아침 1H	아침 1H	아침 1H	플랜 B 도서관
		점심 0.5H		카페 0.5H		
가족 0.5H	가족 0.5H	가족 0.5H	가족 0.5H	가족 0.5H	가족 0.5H	
1.5H	1.5H	2H	1.5H	1.5H	2H	

　독서계획을 수립할 때 가장 중요한 것은 매일 가족 독서 시간을 30분씩 잡는 것이다. 본문에서도 강조해서 말했지만, '천 권 가족 프로젝트'의 핵심은 매일 30분씩 가족과 함께 책을 읽는 것이다. 우리의 경우 가족 독서 시간은 밤 9시부터 9시 30분까지였는데 꼭 이 시각으로 정할 필요는 없지만 매일 30분이란 시간은 반드시 따로 떼어놓아야 한다. '열 권 가족'

의 독서계획에서 또 하나 중요한 것은 일요일을 비워두는 것이다. 일요일은 주중에 못 읽은 책이 있다면 보충해서 읽을 수 있는 플랜 B이고, 다음 주에 읽을 책을 고르기 위해 도서관과 서점에 가는 날이기도 하다. 너무 무리한 계획을 세울 필요는 없다. 아직 우리는 '열 권 가족'이니까.

이제 위의 독서계획을 참고해 당신의 계획을 작성해 보자. 내 독서 목표를 이루는 데 필요한 시간이 얼마인지 계산하고, 그 시간을 확보하기 위해 월요일부터 토요일까지 각각 몇 시간이나 낼 수 있는지 생각해 보자.

< 당신의 독서계획(개인별 작성) >

1주일 독서 시간 ( )H						
월	화	수	목	금	토	일
( )H	( )H	( )H	( )H	( )H	( )H	

STEP 3. 도서 선정
어떤 책을 읽을 것인지 미리 정해라

STEP 1, 2를 통해 우리는 1주일 동안 몇 권을 어떤 시간에 읽을 것인지를 정했다. 아빠의 경우 1주일 동안 2권을 읽기로 목표를 잡았다. 그리고 새벽 시간, 점심시간, 가족 독서 시간 등 총 10시간을 독서 시간으로 확보했다.

이제 우리가 할 일은 읽을 책을 고르는 일이다. 가족과 함께 도서관이나 서점으로 가자. 책에서도 이야기했지만 처음 시작은 부담 없이 가볍게 해야 한다. 평소 읽고 싶었거나 관심 분야의 책을 선택하자.

열 권 가족의 아빠는 1주일에 2권이 목표이고, 평소 재테크에 관심이 많았다. 그래서 인터넷 검색을 통해 쉽게 읽을 수 있는 경제경영서를 찾아보고 도서관에 가서 이 분야의 책을 2권 골랐다. 그리고 다음과 같이 선정된 도서 리스트를 정리했다.

< '열 권 가족' 아빠의 선정 도서 >

연번	책 제목	출판사/작가	쪽수
1	50대에 도전해서 부자 되는 법	서미숙 유노북스	272p
2	돈의 속성	김승호 스노우폭스북스	288p

이렇게 읽은 책을 미리 정해놓으면 다음 책을 고르느라 시간을 낭비하지 않아도 되고, 책 제목을 직접 적는 자체로 목표 달성에 동기부여가 된다. 이제 '열 권 가족' 아빠의 예시를 참고하여 아래 서식에 당신의 선정 도서를 찾아 적어보자.

< 당신의 선정 도서(개인별 작성) >

연번	책 제목	출판사/작가	쪽수

책과 담쌓았던 우리 가족은 어떻게 1년 만에 1,000권을 읽었을까

STEP 4. 독서 기록하기
책을 읽고 기록을 남겨라

STEP 1~3을 통해 우리는 독서 목표를 정했고, 이 목표를 실현할 시간을 확보했으며, 읽을 책까지 정해놓았다. 이제 책을 읽을 차례다. 우리가 세운 계획에 따라 책을 읽어보자.

안 읽던 책을 읽으려면 몸이 쑤시고, 졸리고, 진도는 안 나가는 등 어려움이 많을 것이다. 그러나 고작 1주일에 10권 읽는 것이다. 에너지를 책 읽기에 집중해서 가족과 함께 프로젝트 성공을 위해 노력하자.

책을 읽으며 중요한 것이 '기록하기'다. 이 책에서도 자세히 서술하며 강조했듯이 기록하는 것은 프로젝트 관리의 핵심이다. '오늘 하루 내가 어떤 책을 얼마만큼 읽었는가?', '이 책에서 무엇을 보고, 어떤 실천 거리를 찾았는가?'에 대한 답을 적는 것이다.

'기록하기'는 하루를 마감하는 시간에 하는 것이 좋다. 오늘 하루를 돌아보면서 그날 정한 독서 목표를 달성했을 때는 작은 성공을 쌓으며 자신감을 얻을 수 있고, 실패했을 경우는 반성하며 내일의 독서를 더 개선할 수 있는 토대로 삼는다.

'기록하기'는 두 가지다. 먼저 하루 동안의 독서실적인데, 오늘 하루 몇 시간 동안 몇 페이지의 책을 읽었는지를 적는다. 다음으로 읽은 책의 내용 중에 마음에 남거나 감명 깊은 부분을 그대로 적고(○ 표시), 책 속에서 실천 거리를 찾아 기록한다. (★ 표시)

다음의 표는 '열 권 가족' 아빠의 독서 기록이다. 앞에서 아빠는 1주일에 2권을 읽기로 하고, 『50대에 도전해서 부자 되는 법』과 『돈의 속성』을 골랐다. 매일 책을 읽은 시간과 독서량을 꼼꼼하게 기록한다. 또한 책을 읽으며 책 속에서 발견한 소중한 문장을 필사하고, 내 삶에 적용할 실천 거리도 적극적으로 찾아 적는다.

< '열 권 가족' 아빠의 독서 기록 >

요일	시간	독서량		책 내용
월	1.5H	50대에 도전…	~90p	○ 관중이 되지 말고 무대 위로 올라가라.
				★ 앱테크
화	1.5H	"	~180p	○ 내가 선택할 수 있는 것은 나의 태도다.
				★ 블로그 시작하기
수	2H	"	~90p	○ 배운 건 무조건 실행하자.
				★ 서 여사님의 도전 정신을 배우자
목	1.5H	돈의 속성	~80p	★ 신용카드 자르기

금	1.5H	"	~170p	○ 직장에서의 성공 원리는 아주 간단하다. 자기 일처럼 성실하게 일하고 보고를 바로 하고 인사를 잘하면 된다.
토	2H	"	~끝	○ 작은 돈이 사람을 부자로 만들고 큰돈이 사람을 가난하게 만든다.
				★ 이부자리 정리

어느 정도 독서가 익숙해지거나 독서 기록에 정성을 들여 조금 더 자세하게 작성하고 싶다면 별도의 노트를 마련하는 것을 추천한다.

그러나 우리는 이제 '열 권 가족'에 도전하고 있다. 우선 이 정도로 간단하게 기록하기 연습을 해보자. 다음의 표에 당신의 독서 기록을 남겨보자.

< 당신의 독서 기록(개인별 작성) >

요일	시간	독서량	책 내용
월	( )H	( )p	
화	( )H	( )p	
수	( )H	( )p	
목	( )H	( )p	
금	( )H	( )p	
토	( )H	( )p	

STEP 5. 프로젝트 결산
'열 권 가족 프로젝트'의 성공을 축하하라

지금까지 목표 설정, 계획 수립, 도서 선정, 독서 기록 등의 단계를 차근차근 밟아 온 가족이라면 '열 권 가족 프로젝트'의 성공이 눈앞에 있을 것이다.

누가 몇 권의 책을 읽었고, 목표 대비 얼마의 성취를 이뤘는지 프로젝트를 결산해야 한다. 결과를 정리함으로써 프로젝트의 성공을 서로 축하하고, 진짜 '천 권 가족'으로 나아가는 발판으로 삼아야 한다.

< '열 권 가족'의 프로젝트 결산 >

목표 10권 → 실적 11권(110% 초과 달성), 프로젝트 성공					
아빠	2→2	엄마	1→2	딸	7→7

'열 권 가족'은 아빠와 딸이 목표에 맞춰 각각 2권과 7권을 읽었고, 엄마가 목표보다 1권을 더 읽어서 총 11권을 읽었다. 목표 대비 10%를 초과 달성해 '열 권 가족' 프로젝트'를 성공으로 마무리했다.

당신 가족도 1주일간의 프로젝트 결과를 직접 적으며 결산해 보자. 프로젝트의 성공을 축하하며 파티도 하고, 인증서도 만들어 스스로 수여하자. 가장 책을 많이 읽은 사람을 '독서왕'으로 뽑아 선물을 주면 어떨까?

지금까지 이야기한 STEP 1~5의 단계별 작성 서식을 한 장에 모아 '독서 가족 성공 노트'라고 이름을 붙이고 다음에 첨부했다. '천 권 가족'을 꿈꾸는 독자 여러분의 많은 이용이 있기를 바란다.

'천 리 길도 한 걸음부터'라는 말처럼 '천 권 가족'도 '열 권 가족'부터 도전하면 어렵게 느껴지는 가족 독서 습관 만들기가 조금은 쉬워지지 않을까 하는 기대로 이 부록을 만들었다. 이 부록이 실천의 문턱을 조금이나마 낮출 수 있기를 소망한다.

< 독서 가족 성공 노트 >

① 독서 목표

우리 가족은 1주일에 ( )권 읽는다! 20 . . .~ . .					
	( )권		( )권		( )권

② 독서 계획

1주일 독서 시간 ( )H						
월	화	수	목	금	토	일
( )H	( )H	( )H	( )H	( )H	( )H	

책과 담쌓았던 우리 가족은 어떻게 1년 만에 1,000권을 읽었을까

③ 선정 도서

연번	책 제목	출판사/작가	쪽수
1			( )p
2			( )p
3			( )p
4			( )p
5			( )p
6			( )p
7			( )p

④ 독서 기록

요일	시간	독서량	책 내용
월	( )H	( )p	
화	( )H	( )p	
수	( )H	( )p	
목	( )H	( )p	
금	( )H	( )p	
토	( )H	( )p	

⑤ 프로젝트 결산

목표 ( )권 → 실적 ( )권						
( )	→	( )	→	( )	→	